明代心学宗师陈献章丛书

白沙教育

黄明喜◎著

广州新华出版发行集团
广州出版社

图书在版编目（CIP）数据

白沙教育／黄明喜著. —广州：广州出版社，2021.1
（明代心学宗师陈献章丛书）
ISBN 978-7-5462-3116-7

Ⅰ.①白… Ⅱ.①黄… Ⅲ.①陈献章（1428—1500）—教育思想—研究 Ⅳ.①B248.1

中国版本图书馆CIP数据核字（2020）第188072号

书　　名　白沙教育
　　　　　Baisha Jiaoyu
出版发行　广州出版社
　　　　　（地址：广州市天河区天润路87号9楼、10楼　邮政编码：510635
　　　　　网址：www.gzcbs.com.cn）
策　　划　柳宗慧
责任编辑　叶桂莲　杨珊珊
责任校对　黄焕珊
封面设计　谢成华
印刷单位　佛山市浩文彩色印刷有限公司
　　　　　（地址：佛山市南海区狮山科技工业园A区兴旺路6号　邮政编码：528225
　　　　　电话：0757-88368581）
规　　格　787毫米×1092毫米　16开
字　　数　131千
印　　张　8
版　　次　2021年1月第1版
印　　次　2021年1月第1次
书　　号　ISBN 978-7-5462-3116-7
定　　价　34.80元

目　录

导　言

作为明代心学的先驱人物，陈白沙不仅是独辟蹊径的思想家，而且是成就斐然的教育家。他一生志存高远，以道德和学问显名天下，被世人尊为“真儒”“大儒”“岭南第一儒”。

身处明代心学教育思潮将启之际，陈白沙勇于创新，勤于笔耕，倾毕生心血于教育事业。在几近四十载的教育生涯中，培养了许多优秀的弟子，譬如湛若水、李承箕、张诩、贺钦、林光、邹智、陈茂烈、陈庸、李孔修、谢祐、何廷矩、史桂芳等，创建起独树一帜的白沙学派（亦称“江门学派”）。从历史的角度看，陈白沙的教育思想近润岭南，远播全国，且泽被后世，堪称明代心学教育的开篇者。

可以说，无论是在教育实践中所取得的非凡成就，还是在教育思想上所提出的原创性主张，陈白沙都留下了难能可贵的教育文化遗产，值得我们认真总结。为了更好地对陈白沙教育活动和教育学说作出实事求是的历史评价，笔者分设六章的篇幅，以始于教育而成于教育，白沙学派兴起为线索，予以多维度、多层面的讨论。

第一章“儒者风范　心系教育”的写作，旨在通过勾勒陈白沙成为教育家的心路历程，讲明陈白沙何以为明代心学教育的开篇者。陈白沙出生于“田可耕兮书可读，半为农者半为儒”的家庭，熟悉农事，饱读诗书，且二十岁出头就取得举人的身份。类似家庭背景及科举经历者大有人在，但缘何陈白沙能够脱颖而出，成为令人瞩目的杰出教育家？归纳起来，主要因素有这样几点：一是良好的家庭环境和早期的读书志向；二是远足负笈，师从大儒吴与弼的求学经历；三是四入京师，三次会试不第的科举坎坷；四是善于反思程朱理学的优劣和敢于批判科举社会的弊端；五是祖述孔孟，出入于道、佛两家思想，突破程朱理学教育的思想窠臼，创造性地提出“以自然为宗”“静养端倪”的心学教育理念，并践行于世。

紧接着的第二章“另辟门径　筑台讲学”，侧重于探究陈白沙交游及讲学活动的基本轨迹。交游与讲学活动是陈白沙心学教育思想形塑的核心环节。陈白沙交游广泛，擅于思考，取长补短。他在讲学活动中不断传播心学思想，逐渐形成自己的一家之言。其一生交游及讲学活动轨迹，大致可分为游学京师、静坐春阳台、会讲楚云台、盍簪嘉会楼、钓台传衣钵五大阶段。他迈出岭南，游历江南，远足京师，思想波及多地。在交游及讲学活动中，陈白沙广收门徒，建构出一套以“学宗自然”为核心的心学思想学说，标志着明初程朱理学一统天下格局的瓦解，显示出明代心学教育思潮的发端，促进了儒学岭南化局面的形成。

第三章“自然为宗　静养端倪”，主要探讨陈白沙的为学宗旨及修养工夫论，即“学以自然为宗”和“静养端倪”。陈白沙以心为本，倡导“学宗自然”的为学旨趣，不断高扬主体的能动性和创造性，努力摆脱程朱理学教育思想的藩篱；强调通过生命的体验，希望为学者心地要宽平，识见要超卓，规模要阔远，践履要笃实；认为“静”是个体意志自由的根基，“端倪”是道德性的精神本体；强调只有在不受任何外部干扰和影响的静坐中，才能真切地体验“静养端倪”这一心学法门。他反对把儒家伦理精神教条化，主张随处体认，默然而坐，胸中涵养，澄心静虑地觉悟伦理精神意蕴，从中获得真正的人生快乐。

陈白沙不仅好学覃思，还特别注重言传身教，把儒家教育理论融入家风家训，植入乡村教化，劝人读书以明理，从而使得抽象的儒家学理通俗易懂，让寻常百姓日用自知。在陈白沙教化思想的影响下，他的许多弟子及官员都汲汲于教化实践。他们通过不同的方式和途径来进行化民成俗的教化活动，譬如盖祠堂、定族规、立家训、办私塾、修家谱、缮县志、订乡约、撰学记、写祭文、作墓志铭等。对有关陈白沙教化言行影响的探究，便构成了本书第四章“言传身教　教化社会”的主体表述内容。

第五章“寓教于诗　别具一格”，主要探究陈白沙诗教内容及其意蕴。作为明代心学教育的开启者，陈白沙是个十分重视诗教的教育家。陈白沙以诗为教，把自己的人生理想和现实感悟化为诗意的语言，用涵泳诗歌的方式培养弟子。其诗教既有丰富的内涵，也有生动的形式。陈白沙诗教意蕴体现于三大方面（陶情操，养德性；尚自然，乐其心；美风俗，富情趣），充分展现其教育思想的价值魅力。

以“传道树人　蔚然一派”作为最后一章，意在公允地总结陈白沙及其所创立的白沙学派。明代理学家、状元罗伦对陈白沙高度评价：“白沙观天人之微，究圣贤之蕴，充道以富，崇德以贵，天下之物，可爱可求，漠然无动于其中。”明清之际的思想史家黄宗羲认同此言，并接着罗伦的话说：“信斯言也，故出其门者，多清苦自立，不以富贵为意。其高风之所激，远矣。”的确诚如黄宗羲所言，陈白沙因材施教，有教无类，弟子遍及岭南各地，且多出自寒门。经过陈白沙的精心指导，弟子中道德高尚者有之，学问高深者有之，亦官亦学者有之，为官造福于民者有之，乃至特立独行的隐者亦有之。尽管白沙弟子志行各异，但有一点却是相同的，那就是他们都不以追求富贵为人生目标。正是经由设教办学，陈白沙心学思想才得以广泛传播；也正是受到陈白沙心学思想的哺育，由衣钵传人湛若水为宗主的甘泉学派才得以创生，进而形成明代心学思潮中的第一个教育流派，即陈湛心学教育流派。

众所周知，中国传统教育源远流长，学派林立，气象万千，尤其是在明代，恰如近代著名史家梁启超指出：“明代中叶，新学派起，气象异常广大，有两个大师可以代表，一个是陈献章（白沙），一个是王守仁（阳明）。”而对于陈白沙、王阳明这两位明代心学巨擘之间的思想关联和影响，黄宗羲在《明儒学案·白沙学案》的序言中便开门见山地断言：“有明之学，至白沙始入精微。其吃紧工夫，全在涵养。喜怒未发而非空，万感交集而不动。至阳明而后大。两先生之学，最为相近”，点明白沙心学构思精致，是阳明心学的源头先导。实事求是而论，以陈白沙为核心的白沙学派规模较大，弟子有名可考者209人（见本书附录：陈白沙弟子知见录），在明代心学教育思潮中确有开局之功。

作为以传道树人为己任的一代大儒，陈白沙开启明代心学教育先河，促进了儒学岭南化的发展。而今，拂去蒙在其上的时代烟尘，含英咀华，研究陈白沙教育思想及其活动不无值得借鉴的启示意义。

第一章

儒者风范　心系教育

陈白沙（1428—1500），名献章，字公甫，别号石斋、江门渔父、玉台居士、黄云老人、紫水归人、南海病夫，晚年号石翁，谥号为文恭，广东新会县（今广东省江门市新会区）白沙村人。陈白沙一生以道德和学问显名天下，颇受人们景仰，被视作“真儒复出”。因居白沙村，而被尊称为“白沙先生”。

作为明代心学的先驱人物，陈白沙不仅是独辟蹊径的思想家，而且是成就斐然的教育家。无论是立言处世，抑或是教书育人，都浸染着浓郁的儒家气息。诚如明清之际著名学者黄宗羲在《明儒学案·白沙学案》所言：“有明之学，至白沙始入精微。其吃紧工夫，全在涵养。喜怒未发而非空，万感交集而不动，至阳明而后大。……于正德十四年上疏请白沙从祀孔庙。”点明陈白沙开启明代心学先河的地位。从祀孔庙是儒者的一大盛誉。万历十二年（1584），陈白沙与明代心学集大成者王阳明一起获准从祀孔庙。这两位儒家巨擘钟秀东南之气，一个生在江南，一个长于岭南。明清以来，岭南人文荟萃，但从祀孔庙的儒者则唯有白沙一人。

陈白沙深信教育的力量，坚称“天下风俗美恶存乎人，人之贤否存乎教”。为此，他崇学而乐教，视兴学育才为己任，培养出湛若水、李承箕、张诩、贺钦、林光、邹智、陈茂烈、陈庸、李孔修、谢祐、何廷矩、史桂芳等一批杰出弟子，形成独树一帜的白沙学派，掀开明代心学教育思潮的新篇章。

一、立志向学恰少年

陈白沙生活在15世纪的中国，历经宣德、正统、景泰、天顺、成化、弘治五朝更替，恰值明代前中期，这是一个思想文化波诡云谲的变局时代。

陈白沙的思想学问洋溢着时代气息，个性鲜明并富有岭南特色，被称为“江门心学”，影响甚大。陈白沙学有成就，深得人们称道，绝非一蹴而就，确是和他自小志于向学，远足游学，浮沉科举，潜心坐春阳，兴学育人才等息息相关。

追忆年少时的学习情境，陈白沙曾说：“予少无师友，学不得其方。”申明自己没有得到名师的教诲，也没有遇到益友的帮助，始终找不到很好的学习方法。但好在他出身于比较重视教育的富裕家庭，让他有读书的机会。

宣德三年（1428）十月二十一日，陈白沙诞生于新会县的都会村。南宋时，陈白沙的先祖从五岭山脚下的粤北南雄县珠玑巷迁至珠江三角洲西部的新会县都会村。迨至陈白沙呱呱坠地，陈氏家族半耕半读，安居乐业已逾百年。经爷爷陈永盛、父亲陈怀瑾两代人的勤劳致富，留给陈白沙和其兄陈献文的田产已达200亩之多，足以使陈白沙过上衣食无忧的生活。对此，陈白沙曾在给都御史邓廷缵一封题为《与邓督府》的信中这样说道：“有田二顷，耕之足以自养。”自给自足的言辞跃然纸上。这在一些与陈白沙有关的歌谣、诗歌中也有体现，譬如：

二五八日江门墟，既买锄头又买书。
田可耕兮书可读，半为农者半为儒。

这首诗折射出陈白沙甘居江门，励志学习，愿为儒者，以像自己的先辈一样过着半农半儒的人生为乐趣。

在陈白沙的心目中，江门是个秀美而富饶的家园。每月的农历初二、初五、初八，都是江门墟的赶集日。江门墟不但经济活跃，而且不乏书香味，常使陈白沙乐此不疲，傍晚时分他时常迷路，诗兴大发，“江湖城市气交吞，谁放兰舟系柳根？肯与渔翁通水界，白头破浪在江门”，“水面烟浓白鸟低，数峰青锁夕阳西。隔波莫是仙源否，恰到波心路已迷”。

新会县濒临南海，而江门则是西江的门户。都会村是陈白沙的祖居之地，但陈白沙年幼时随家迁徙至西江河畔的白沙村定居终生。其实，都会村和白沙村两地之间相隔不足10里。陈白沙的爷爷，名朝昌，字永盛，号渭川，是个典型的耕读传家的乡绅。陈永盛一介布衣，不谙世故，唯对老子的《道德经》颇为喜好。他认为《道德经》十分适合修身养性，稍有闲暇，就会翻阅，出行外地，更是书不离身，乐在其中。陈白沙出生时，53岁的爷爷陈永盛心花怒放。陈永盛时常给陈白沙讲解老子的故事、精言以及思想，直到74岁离世为止。

能够有这样一位爷爷的启蒙，对陈白沙来说，实在是件幸事！然而，人生总有不尽如人意之处。按照儒家的伦理观念，人生在世，最大的快乐莫过于父母俱在。陈白沙的母亲林化身怀六甲，27岁的父亲没有等到陈白沙降生就去世了。陈白沙的父亲名叫陈琮，字怀瑾，号乐芸。陈琮和陈白沙的爷爷一样，也是一位处士，对仕途不感兴趣。陈琮体质虽然虚弱，却非常热爱读书，特别能文善诗。他的文句清新绮丽，比如《山水词》：“水何碧，云何黄，漠然真是水云乡。水云乡，梅灼烁，一夜东风尽开却。幽鸟飞来不知去，几许芳心欲偷啄。”陈琮去世后，陈白沙的母亲不仅含辛茹苦，勤俭持家，还承担起父亲的家庭角色，常常吟诵《山水词》给陈白沙听，描摹出一幅生机勃勃的山水图：那碧绿的水道，那金黄的云朵，萦绕在家乡四周。绰约风姿的寒梅，迎着春寒料峭的东风再度绽放，宛若桃源仙境。暗香浮动，竟引得许多鸟儿流连忘返，芳心摇动，吻上一剪梅香，陶醉其中。以诗寓情，父亲生性淡逸、超然物外的风采流露于其中，在幼小的陈白沙心田里久久驻留。就这样，陈白沙虽是遗腹子，未能得到父亲的当面教诲，却经由其母的口耳之传，习得了不少父亲的诗文，且从慈母的日常关爱和点化中，透过人间的喜怒哀乐感悟出许多道理，学到如何待人接物、欣赏大自然的美，养成了爱好读书、勤于思考的良好习惯。

对于少年陈白沙的成长来讲，家庭环境的影响，特别是母亲的教育，无疑有着不可或缺的作用。在良好的家教氛围中，陈白沙读书很认真，逐渐培养出过目不忘的本领。不仅如此，他还能透过纸背，深入思考蕴含其中的道理，把自己的观点表达出来。例如，有一次，他阅读一本关于南宋政权被灭于新会崖山之地的书，看到南宋全军覆没，十余万名南宋军民不惧生死，投海殉国，尤其是描述以文天祥、陆秀夫、张世杰为代表的忠臣义士所展现的浩然气节的文字，内心备受震撼。由此，他联想到孟子所讲的“有天民者，达可行于天下而后行之”的观点，慷慨陈词地说道：“嗟夫，大丈夫行己当如是也！”——大丈夫的行为理当如此，认为在鱼和熊掌不可兼得之时，每一个都应该造就舍小我而成大我的大丈夫人格，即孟子所倡导的大丈夫那样“穷则独善其身，达则兼济天下”，用自己的实际行动报效国家。

陈白沙在喜好读书之余，还对音乐产生了很大的兴趣，特别是石琴。与钟、磬、琴、箫、笙、埙、鼓、柷八种乐器比较起来，想用石琴弹奏出美妙动听的音律是非常困难的，但陈白沙石琴弹得清新悦耳，给人留下深刻的印象。为此，陈白沙特意给自己取了一个“石斋”的别号。他的弟子张诩专门在《白沙先生行状》中记述：“八音中惟石音为难谐，今谐若是，子异日得道乎”，称赞恩师高超的石琴才艺。

时光飞逝，少年陈白沙虽学有所获，但心中总想博览群书，向更多的鸿儒雅士求学问道，让自己的人生过得越来越有意义。

二、负笈江西师康斋

聪颖好学的陈白沙通过童试考核，在19岁那年成为新会县儒学生员，获得“秀才”的称呼。转眼之间，20岁的陈白沙迎来了他人生中的科举大考，第一次参加在省城广州举行的乡试。依照明朝科举制度的章程，考试分为三级：乡试、会试和殿试。如果加上科举预备性质的童试这一层级，明朝科举制度实际上可分成依次递进的四级考试，即童试、乡试、会试和殿试。

童试，又称童生试，是各省的府、州、县学的入学考试，即从无分年龄高低的众多“童生”里选拔出“生员”。凡童试的合格者，称为生员，俗称秀才。

乡试，又称乡闱、大比，举行地点在各省的省会。乡试的主考官，在明代初期由各省自行任命，明代中晚期则由皇帝任命京官出任。明代在各省设立“提督学道”，负责日常的教育事务。每逢子、午、卯、酉年的农历八月为乡试的考试时间。八月是秋桂飘香时节，因此乡试又可称为桂榜、秋闱、秋试、秋榜、秋贡、秋赋等。考中乡试的秀才，就取得了举人的头衔。与秀才的名分相比，考中举人则意味着获得了为官的资格。举人只要通过朝廷的吏部铨选，就可正式授官。当然，士人最理想的政治选择是报名参加在京城的会试，进而取得进士的出身。

正统十二年（1447）丁卯，正逢举行乡试之年。陈白沙满怀信心，一举中榜，排名第九，跻身举人之列。紧接着，陈白沙背起行囊，远赴北京，迎战正统十三年（1448）戊辰科的礼部会试。明朝科举规定，每三年一大比，遇辰、戌、丑、未之年就要举行会试。会试的参与者是来自各省的举人，包括头一年的新科举人，还有之前历届的会试落榜者。因为会试是由尚书省下属的礼部来主持的，所以会试又称作礼闱、省试。会试的时间通常为农历二月的早春时节，因而会试又有了春闱、春试、春榜、杏榜之类的别称。或许是难以适应北方的寒冷气候，又或许是舟车劳顿而准备不足，陈白沙初战会试失利，仅中副榜而无资格参加殿试，但是获得准入国子监读书的机会。

光阴荏苒，24岁的陈白沙再度参加景泰二年（1451）的辛未科会试，结果却是依然名落孙山。连续两次会试落榜，让陈白沙对科举产生了些许迷茫和反思，开始萌生摒弃科举功名的念头。经过三年的潜心问学后，他决定拜访名师大儒，给自己指点迷津。

在景泰五年（1454），陈白沙听闻江西临川府的崇仁县，有一大儒名叫吴与弼。于是，他下定决心前往千里之外的吴与弼门下。陈白沙告别江门，溯西江，翻越大庾岭，度梅关，驻足赣州。而后顺章水直下，沿吉水至临江府的清江县，再改陆路，最后抵达目的地崇仁县，见到景仰已久的理学大儒吴与弼。

吴与弼，字子傅，号康斋，创办小陂书院，是明初有着重要影响的理学教育家。黄宗羲在《明儒学案》中高度评价吴与弼在明代学术思想史上的影响，“微康斋，焉得有后时之盛哉”——如果没有吴与弼的出现，就不会有其后整个明代学术思想的繁荣。

吴与弼淡泊功名，多次被人举荐，却始终不愿为官，一生居住乡间，以招徒授业为乐。

作为崇仁学派的奠基者，吴与弼学宗孔孟，兼采朱陆，呈现出以陆变朱的学术倾向。他在认同朱熹读书观的基础上，弘扬陆九渊的发明本心思想，强调通过“静观”和“力行”的方式将读书和体验本心结合起来，从而实现学为圣贤的目的。

吴与弼言传身教，劝导人们多读圣贤书籍，“人之所以异于禽兽者，以其备仁义礼智四端也。……欲异于物者，亦曰反求吾心固有之仁义礼知而已。欲实四者于吾身，舍圣贤之书则无所致其力焉”，主张将圣贤书籍熟读玩味，体察于身的人之仁义礼智四端，落实在语默动静之间，就能成就仁义礼智的德性，臻于圣贤之境。

然而，在现实生活中，人们蒙受种种物欲的遮蔽，造成本心被放逐而无法成圣为贤，“然气禀拘，而耳目口鼻、四肢百骸之欲为垢无穷，不假浣之之功则神妙不测之体，几何而不化于物哉？”。因此，依照吴与弼的教育观念，要发明人之本心，除了学习圣贤书籍，自身还得下一番“洗心”工夫。那么，如何“洗心”呢？一言以蔽之，用吴与弼的话就是“敬义夹持，实洗心之要法”。所谓“敬义夹持”，是指“居敬”和“集义”两者兼济，相互作用。吴与弼认为，“集义”作为一种外在工夫，主要涵括书本学习和劳动实践；而“居敬”则是一种内在工夫，意指在读书和劳作时收敛身心，排除各种欲念的影响，精神高度集中，达至纯净专一的心理状态。后来，陈白沙回到江门，也专门作了一首题为《梦作洗心诗》的五言古诗：

一洗天地长，政教还先王。
再洗日月光，长令照四方。
洗之又日新，百世终堂堂。

表达出陈白沙澄澈本心，修养德性，日日“洗心”，内外合一，便可成就“天地我立，万化我出，而宇宙在我”的人生理想。从这诗所呈现的意境，不难看出吴与弼对陈白沙的深刻影响。

吴与弼格外注重“居敬”这一为学工夫的作用，“人须整理心下，使教莹净，常惺惺地，方好，此敬以直内工夫也。嗟夫！不敬则不直，不直便昏昏倒了，万事从此隳，可不惧哉？”。他所说的“敬”，即是教导学者专心致志，以道制欲，让自己的内心总是处在一种晶莹洁白的状态，这样便可抵御私欲杂念的影响，进而使作为人之固有的“本心”得以显露。其实，吴与弼“居敬”这一为学工夫，亦可视为一种“静观”的工夫。明乎此，我们就不难理解黄宗羲为何这样概括吴与弼的为学特征：“言心，则以知觉而与理为二；言工夫，则静时存养，动时省察。故必敬义夹持，明诚两进，而后为学问之全功”，并由此把吴与弼的弟子分为两大派别，“其及门弟子陈献章得其静观涵养，遂开白沙之宗；胡居仁得其笃志力行，遂启余干之学”。陈白沙和胡居仁是吴与弼门下的两大著名弟子。胡居仁反对静坐，侧重笃志力行，开启余干学派；陈白沙讲究静坐涵养，主张“理”与“心”合一，创立白沙学派。应该说，黄宗羲这些话是有一定道理的。

在跟随吴与弼的崇仁学习期间，陈白沙对吴与弼的教诲感受颇深。

无论在教学过程，还是教学方法上，吴与弼都堪称一位严师。他学识渊博，给学生教授诸多儒学经典，对陈白沙更是“于古圣贤垂训之书，盖无所不讲”，希望他能够勤勉用力，学有所成。但吴与弼并非一味止于教授书本知识，而是更加注重践履，尤其是做到劳动与读书相结合。

有一回，天色蒙蒙亮，吴与弼早已干起农活了。但过了好一阵子，还没见陈白沙的影子，他便大声喊道：“秀才，若为懒惰，即他日何从到伊川门下？又何从到孟子门下？”告诫陈白沙如果那么懒惰，何时能够近承程颐的思想精髓，更别说远达孟子的思想泉源了。正是在吴与弼的不断鞭策下，陈白沙发愤学习，越来越受到吴与弼的雅重。

在陈白沙师从吴与弼的半年时光里，老师乐教，弟子好学，师生俩结下了深厚的情谊。景泰五年（1454）的八月五日，吴与弼特意为陈白沙题写了“孝思”两个牌匾大字，让陈白沙的家童带回广东新会老家，悬挂于陈家宅第厅堂。不仅如此，他还撰写了一篇《孝思堂记》，表扬陈白沙像孔子弟子漆雕开那样，富有为人谦和且诚实守信的美德。

而在恩师去世后，陈白沙睹物思人，触景生情，落笔写下《过康斋吴与弼先生墓》，诗云："桐园三尺聘君坟，犹有门人为扫云。此日英灵应识我，斯文风气莫如君。吟残老杜诗千首，看破伊川《易》几分。未了平生端的事，九原风露倍酸辛。"还满怀深情地写有一篇祭文《祭先师康斋墓文》，其中这样描述道："始焉知圣人之可学而至也，则因纯公之言而发轫；既而信师道之必尊而立也，则守伊川之法以迪人，此先生所以奋起之勇，担当之力，而自况于豪杰之伦也。先生之教不躐等，由涵养以及致知，先据德而后依仁，下学上达，日新又新。启勿忘勿助之训，则有见于鸢鱼之飞跃；悟无声无臭之妙，则自得乎太极之浑沦。弟子在门墙者几人，尚未足以窥其阈域。"赞扬吴与弼善于循序渐进，由涵养扩及致知，能够据德依仁，援引杜甫的诗歌和程颐的《程氏易传》为教学内容，用勿忘勿助来开启学生的智慧。

虽然当时有些人对吴与弼的思想学问不太理解，但在陈白沙的眼中，恩师康斋先生推崇儒家师道，勇于担当，不屈不挠，不愧为一代名师大儒。

师徒情长，终有一别。陈白沙告别江西，于景泰六年（1455）的春季回到广东，在家乡新会筑春阳台，造楚云台，建江门钓台，汲取吴与弼的教学之长，并结合自己的为学体悟，广收门徒，形成了颇具影响力的江门学派。

三、及第何人似献章

落榜不落志，不第未蹉跎可谓是陈白沙的真实写照。

陈白沙离开江西，而后在新会老家的春阳台静坐悟道十年。深谙科举的陈白沙本已放弃会试的念头，但碍于友人的劝说，特别是老母亲的敦促，在成化二年（1466）冬季重游京师国子监，并于成化五年（1469）参加己丑科会试，结果如之前戊辰科、辛未科的两科会试一样，依旧名落孙山。

成化二年（1466）这一年，陈白沙时年39岁，即将步入不惑之年的陈白沙第二次进入最高学府京师国子监游学。那时国子监教官中的一把手称为祭酒，时任祭酒这一职务的是一个叫邢让的学者。祭酒邢让对陈白沙的声名早有耳闻，为了实测陈白沙的真实水平，他便以"此日不再得"为题，让陈白沙对此和诗一首。《此日不再得》为宋儒杨时所作。杨时（1053—1135），字中立，号龟山，北宋著名理学家、政治家，继承并发展了程颢、程颐的理学思想，被奉为“程氏正宗”，并与游酢、吕大临、谢良佐并称为“程门四大弟子”，是程颐所言“吾道南传”的杰出代表。陈白沙直抒胸臆，挥洒自如，提笔写下令人惊叹的《和杨龟山〈此日不再得〉韵》一诗：

能饥谋艺稷，冒寒思植桑。
少年负奇气，万丈磨青苍。
梦寐见古人，慨然悲流光。
吾道有宗主，千秋朱紫阳。
说敬不离口，示我入德方。
义利分两途，析之极毫芒。
圣学信匪难，要在用心臧。
善端日培养，庶免物欲戕。
道德乃膏腴，文辞固秕糠。
俯仰天地间，此身何昂藏！
胡能追轶驾，但能漱余芳。
持此木钻柔，其如磐石刚。
中夜揽衣起，沉吟独彷徨。
圣途万里余，发短心苦长。
及此岁未暮，驱车适康庄。
行远必自迩，育德贵含章。
迩来十六载，灭迹声利场。
闭门事探讨，蜕俗如驱羊。
隐几一室内，兀兀同坐忘。
那知颠沛中，此志竟莫强。
譬如济巨川，中道夺我航。
顾兹一身小，所系乃纲常。
枢纽在方寸，操舍决存亡。
胡为谩役役，斫丧良可伤。
愿言各努力，大海终回狂！

在这首二百五十字的五言长诗中，夹叙夹议，以诗言志，处处蕴含着价值信仰和终极关怀。首先映入眼帘的两句诗点出谋道之急胜于谋衣食之急，形象地描绘出诗人求道之心的迫切感，就如农民饿了自然便会联想到种庄稼，冷了就自然会联想到植桑树。紧接着的两句表明年少时扶摇天际的胸怀壮志，气高万丈，为全诗的境界奠定基调。第五、第六句笔锋顿挫，述说时常梦见古人而悲叹光阴的飞逝。第七、第八句堪称全诗的诗眼，旗帜鲜明地强调诗人学有泉源，道有依归，即崇信名扬千秋的宋代大儒朱熹。其后的第九、第十句，一直到结尾的第四十九、第五十句，都是围绕着“吾道有宗主，千秋朱紫阳”这一诗眼展开议论的。

陈白沙这首诗以朱熹之“敬”为切入点而凸显修己以“静”，育德含章，善养心性，教人努力悟道成道，给人一种入乎朱熹而又超越朱熹的耳目一新之感。无怪乎，邢让一见此诗，脱口而出“真儒复出”来赞美陈白沙，由衷发出“龟山不如也”的感慨。邢让这一番言论使得陈白沙名震京师，在士人之间传扬开来，罗伦、庄昶、贺钦等新科进士纷纷拜访陈白沙，都乐与陈白沙结交为友。

随后，陈白沙由国子监选送到吏部下属的文选清吏司实习。文选清吏司，简称文选司。作为吏部的四司之一，它的主要职责是掌理官吏升降，拣选举人，且安排恩、拔、副、岁、优贡生就职、就教等具体事务。在实习期间，陈白沙得罪了大权在握的吏部侍郎尹旻。这为其后陈白沙在成化五年（1469）的己丑科会试落榜埋下了隐患。

成化三年（1467）的春天，陈白沙南归广东。在老家新会休整了一年多，陈白沙于成化四年（1468）的冬季再次抵达北京，准备参加来年春季举行的礼闱。

成化五年（1469）的礼闱是陈白沙人生中的最后一次科举考试。尽管陈白沙才华横溢，且名扬天下，但由于尹旻从中作梗，陈白沙终与会试无缘，更遑论跻身殿试，拔得进士的名头。时人谈论陈白沙的三次会试落第时，纷纷说道：

会元未必如刘戬，及第何人似献章。

所谓“会元”，是指会试的第一名，会试中榜者被称作贡士。42岁的陈白沙与35岁的刘戬一起参加己丑科会试，均无功而返。两人少年英才，都一举击中，较早成为举人。陈白沙20岁中举，刘戬22岁中举。可他俩二十年来，数次会试，双双都未入贡士之列。不过，刘戬矢志不渝，终于在成化十一年（1475）41岁时进士及第，名列榜眼。而陈白沙终其一生，与进士擦肩而过。但在旁人的心目中，己丑科的会元在德行与才能上，也不一定胜过刘戬和陈白沙。

陈白沙的最后这次会试无缘中榜，不免让人疑惑、愤慨不已。据说，此次下第是因为阅卷官查无此卷而无法判分。有人猜测陈白沙遭到报复，把他的试卷私自投入水里。结果主考官下令彻查，翻阅了所有考生的试卷，也未看到陈白沙的答卷。

根据陈白沙得意弟子张诩《白沙先生行状》的记载，御史邝文从时任礼部尚书的贴身下属那里获悉，陈白沙的试卷丢失是“某所为也”。从一些迹象推断，所谓“某所为也”之人可能是吏部侍郎尹旻。因为尹旻仰慕陈白沙的才学和名声，希望他做自己儿子的老师，前后拜访陈白沙六七次却都未如愿。于是，尹旻便怀恨在心，利用手中权势，暗中让人毁掉陈白沙的试卷，以此断送陈白沙从仕之路。

拥有“真儒复出”之誉的陈白沙缘何落榜会试，人们百思不得其解。“会元未必如刘戬，及第何人似献章”之语折射出替陈白沙鸣不平的呼声，就连京师的车夫贩卒也都为之愤懑。但无论怎样，陈白沙无法叩开进士之门已成事实。面对知己同仁的宽慰，白沙先生始终付之一笑，泰然处之。

经历己丑科会试这场风波，陈白沙从此告别科举之路，潜心问学，教书育人。

其实，陈白沙自己在科举上虽终不得志，但他从不坚决反对科举制度。不仅如此，他还不时勉励学子，包括自己的家人，参加科举考试，考中后得知喜讯，满心高兴。譬如，他曾在《喜黄在登科》的三首诗这样写道：

其一

半醒半醉一儒巾，黄卷青灯二十春。
晚醉鹿鸣君莫讶，龙头还属老成人。

其二

龙头还属老成人，夜半雷声已变春。
莫为晨昏留不去，安车扶上白头亲。

其三

安车扶上白头亲，徐积当年也为贫。
忆昨扁舟淮上路，青山吾拜墓中人。

黄在，字子察，是陈白沙的新会籍弟子，在成化二十二年（1486）的丙午科考中举人。陈白沙在他赴京之际，十分开心，一口气连写三首诗，且为顶针诗，殷切地祝愿他能够进士及第，出席朝廷为进士摆设的鹿鸣宴。

陈白沙对门下其他弟子也是如此。当听闻李渭、梁景行分别到京师参加会试时，愉悦之情溢于言表。

成化二十年（1484），他在给李渭《送昆山省试》的诗中，希望他一帆风顺："凤鸟当时至，龙门何处登？经过五老下，问讯白莲僧。"而在弘治二年（1489），获悉梁景行准备参加春闱，走出自己为其题名"小壶山"的书屋，一展宏图，他更是喜出望外，写下《赠梁景行赴春闱》：

宗烈平生读书处，老夫题作小壶山。
壶山不解留君住，君著壶山梦里看。

在另外两首同题的《送梁宗烈赴春试》诗云：

其一

梦入天门看春榜，榜中不记状元名。
世间此梦真何梦，说到梁生似有情。

其二

君持素履向朱门，五色云中见至尊。
且莫轻言天下事，须将风俗究根源。

透过一连三首的赠别诗，陈白沙期盼梁景行中榜之情跃然纸上。

除了鼓励和希冀弟子们能够学而优则仕，登上进士这一科举塔尖，陈白沙也曾对自己的儿子榜上有名寄予厚望，但在儿子多次落榜后，亦不乏安慰，教他要正确看待科举的功名利禄。他在《送景旸赴秋试》一诗写道：

未达穷通理，难忘得失心。
安能谢朝市，且莫厌山林。
烹鼎须兼味，吹竽当好音。
文章无定价，敝帚不论金。

晓之以理，告诫陈景旸要保持一颗平常心，敝帚自珍，驻心穷达。面对陈景旸第三次乡试的失利，陈白沙又特意作了一首题为《秋夕偶成，小儿失解，聊以慰之》的七律：

崔颢赋诗黄鹤楼，白云黄鹤两悠悠。
江山供眼不知老，风月满蓑还是秋。
三试吾儿虽失解，一花司马未簪头。
何人久抱遗珠恨，黑背抽成白背抽。

句句别有深意，巧妙运用崔颢、司马光等典故，流露出款款的舐犊之情，引导陈景旸要养成不以物喜、不以己悲的心态，不要为科举之名利得失所困扰。

凭实而论，上述这些有关科举话题的诗作是陈白沙与弟子以及儿子一道共勉的，形象地折射出他自己的科举心路历程。

往来春秋二十余载，陈白沙三赴礼闱未中，满腹经纶却与进士无缘，令不少人扼腕叹息。但陈白沙毕竟是陈白沙，他应科举而不为科举所累，最终摆脱世俗功名的羁绊。他钟情教育，使儒学在岭南地区发扬光大，成为明代心学教育的开篇者。陈白沙别具匠心，设教兴学，备受人们敬仰而入祀孔庙。正如《从祀文庙疏议》所言，“祀白沙以劝夫遗逸者，使人知不用之亦为学，不必仕而后可以显”，陈白沙的德才功业早已超越了科举声名，远非“及第”抑或“不第”可以评论和衡量。

四、兴学育才开新篇

作为明初的儒家学者，陈白沙与其前辈一样，呈现出内在的二重品格。一方面发愤求学，参与科举；另一方面又兴学育才，传承儒学。陈白沙除了师事吴与弼、三次参加会试而远赴异地，一生都居住在岭南，以兴学育才为务，设馆授徒，一直对教育怀有高度的热爱和敬畏之情。他在《新迁电白县儒学记》一文中说：

> 自古有国家者，未始不以兴学育才为务，然自汉而下，求诸学校之所得名世者几人，有不由庠序而兴者乎？是故学校之设，其重在于得人；学之道，其要在于为己；古之名世者，舍是无以成德。

强调人才的获得，特别是栋梁之材的培养，离不开学校教育的造就之功。不仅如此，他认为教育还关联着社会风俗的美恶与否，“天下风俗美恶存乎人，人之贤否存乎教”，指出只有教化行，才能风俗美。

正是抱有这样一种教育的情怀，陈白沙十分敬仰至圣先师孔子，并决心效法孔子，设教杏坛，传道天下：

> 昔者尧、舜、禹、汤、文、武、周公道大行于天下，孔子不得其位，泽不被当世之民，于是进七十子之徒于杏坛而教之，择善力行，以底于成德。其至也，与天地立心，与生民立命，与往圣继绝学，与来世开太平。若是者，诚孔子之教也。大哉，教乎！

孔子生当礼崩乐坏、战乱频仍的春秋末期，他的仁政思想不为各国诸侯所重视，故而无法得到适当的官位去施展政治抱负。孔子不愿与黑暗的当政者同流合污，一味谋求高爵厚禄，而是审时度势，致力于教育这一根本路径，冀望重构社会的道德伦理秩序，使天下变无道为有道，进而实现天下大治。尽管陈白沙德行高洁，满身才学，但他的政治际遇也与孔子相似。成化十八年（1482），在广东左布政使彭韶、总督两广军务兼理巡抚右都御史朱英的合力荐举下，55岁的陈白沙应召参加吏部的官员铨选。经长途跋涉，陈白沙于成化十九年（1483）的三月三十日抵达京师。到达京师后，陈白沙因病而未能参加铨选。其实，官位得失对此时的陈白沙而言，内心深处早已释然。于是，他写下洋洋千言的《乞终养疏》，向明宪宗恳求回家终养老母。有感于陈白沙的一片孝心，明宪宗不光接受了他的陈情，并且授予他翰林院检讨的官职，希望他在侍奉母亲终其天年后再入仕途。这是陈白沙一生唯一的官职。陈白沙领了这一头衔，很快便离京返乡，始终没有到翰林院赴任。回到老家新会后，陈白沙大力兴学，教化乡里，名声渐隆。

“士不居官终爱国”是陈白沙一生的座右铭。陈白沙视兴学育才为己任，把教育和政治联结在一起，努力践行自己的座右铭。陈白沙讲学几近四十载，生徒甚多，因材施教，杰出者不乏其人。其中的代表人物有辽宁的贺钦，湖广的李承箕，广东的张诩、林光、湛若水、陈庸、李孔修、谢祐、何廷矩，四川的邹智，福建的陈茂烈，江西的史桂芳，这些弟子在黄宗羲《明儒学案》中都立有专门学案。举其荦荦大者，从中可窥白沙学派在有明一代的教育学术影响力。这里不妨以贺钦、李承箕、张诩、林光、湛若水五人为例，一睹陈白沙的教育风采和影响。

贺钦是白沙学派在北方地区的重要传人。贺钦（1437—1510），字克恭，别号医闾。祖籍系宁波府定海，后因戎籍而隶属辽东的义州卫。他从小就喜爱读书，主动求学，不耻下问。18岁时，贺钦不远数百里到辽阳，向丘时雍学习诗学。20岁参加乡试，成为义州史上首位举人。30岁赴京赶考，进士及第。次年，被授予户科给事中。然而，贺钦并非以科举功名、高官厚禄为人生目标。他遵奉儒家的内圣外王思想，认为“为学先要正趋向，趋向正，然后可以言学。若趋向专在得失，即是小人而已矣”，“读书须求大义，不必缠绕于琐碎传注之间”。所以，当他遇到重游太学的陈白沙，一睹陈白沙所撰的《和杨龟山〈此日不再得〉韵》时，便兴奋不已。他特别折服陈白沙有关“静养端倪”的心学思想，认定陈白沙是一位世间难得的真儒。于是，贺钦马上辞去户科给事中的官职，并向陈白沙行弟子跪拜礼，给陈白沙捧砚研墨。陈白沙只比贺钦年长9岁，并且与进士科名擦肩而过，但面对贺钦谦虚诚恳的求学之情，他还是愉快地接受了身为进士的贺钦为门下弟子。

贺钦拜师陈白沙后，很快回到辽东，也开始走上讲学授徒之旅。他每天从早到晚认真研读陈白沙的文章，深得陈白沙心学思想的精髓。陈白沙和贺钦师生交往的三十多年里，始终保持书信不断。陈白沙循循善诱，教导贺钦说道：

> 归去辽阳，杜门后可取《大学》《西铭》熟读，求古人为学次第规模，实下功夫去做。
>
> 人无气节不可处患难，无涵养不可处患难。
>
> 心地要宽平，识见要超卓，规模要阔远，践履要笃实。能是四者，可以言学矣。

有时还用平等协商的口吻，殷切希望贺钦能践履“主静”的修养工夫：

> 为学须从静中坐养出个端倪来，方有商量处。

贺钦十分认同陈白沙的思想学说。他把“静养端倪”和“践履要笃实”两者融合起来，形成静中有动的“返身实践”之学，不仅扩大了陈白沙思想学说在北方地区的影响，而且在一定程度上完善了白沙学派心学理论及其实践。《四库全书总目提要》对贺钦的学术特色及贡献，这样说道：

> 钦之学出于陈献章。然献章之学主静悟，钦之学则期于返身实践，能补苴其师之所偏。尝言：“为学在不求之高远，在主静以收放心而已”。

应该说，这一评价是切中肯綮的。

如果说贺钦是白沙心学在北方传播的重要推手，那么李承箕无疑是白沙心学西传荆楚的突出代表。李承箕（1452—1505），字世卿，号大厓，湖广嘉鱼人，是与陈白沙志趣最为相投的弟子之一。他身处荆楚的嘉鱼，十年间前后三次不远千里来到岭南的新会，从学于陈白沙身边累计近四年。陈白沙非常看重李承箕，在其二度至江门问学时专门在自己住处碧玉楼的旁边建造楚云台，供他学习生活所用。在李承箕居于江门读书和生活期间，二人不仅纵情于作诗饮酒，每日酬答不已，“饮酒举杯，投壶拥矢，一歌一曲，有唱有和”，而且不时亦辨名析理，谈学探道，“吾与世卿，朝夕无所不言，所未语者，此心通塞往来之机，生生化化之妙，非见闻所及，将以待世卿深思而自得之”，成为莫逆之交。对此，黄宗羲作出这样的评论：“真有相视而莫逆者，盖先生胸怀洒落，白沙之门更无过之。”陈白沙鼓励李承箕探究天地和人生的奥妙之道，深造以自得。对于陈白沙学贵自得的教育主张，李承箕十分认同并加以推至家族子弟，是带领家族晚辈跟随陈白沙从学最久的弟子。告别江门回到嘉鱼后，李承箕讲学于黄公山，将陈白沙手书“黄公钓台”牌匾置于学堂，传播和弘扬陈白沙所倡导自得之学的教育精神。

除了省外的贺钦、李承箕，陈白沙在岭南本土亦不乏得意弟子，广东南海的张诩无疑是其中之一。张诩（1455—1514），字廷实，又字席珍，号东所。他一直以白沙学派传人自居，致力于陈白沙心学思想的阐发。成化十七年（1481），经同乡白沙弟子陈庸介绍，张诩得以拜陈白沙为师，从师长达19年。陈白沙比较欣赏张诩，“以国士待，其后受教多而辱爱厚”，并希望他能传承自己的学术思想。面对陈白沙的厚望，张诩也从未放松学习。他始终秉持陈白沙“以自然为宗”的为学旨趣，“以自然为宗，以忘己为大，以无欲为至，即心观妙，以揆圣人之用”，努力做到忘己无欲，终日探求深造自得之境，以期学为圣贤。在陈白沙去世后，师恩浩浩，历历在目，张诩饱含深情地写下《白沙先生行状》和《白沙先生墓表》，不仅对陈白沙的生平事迹、思想脉络做了详尽介绍，而且充分肯定了白沙心学的道德教化作用。毋庸置疑，张诩确为陈白沙心学教育学说忠实的传播者和捍卫者。

与张诩一样，来自广东东莞的林光也是陈白沙器重的弟子。林光

（1439—1519），字缉熙，号南川。成化六年（1470），32岁的林光赴江门执弟子礼，正式拜43岁的陈白沙为师，成为陈白沙早期的得意弟子之一。在三十年的师生交往中，林光受到陈白沙的格外青睐。翻阅陈白沙的诗文集，不难发现在弟子写给陈白沙的诗文和书信中，写得最多的当数林光。同样，陈白沙与弟子诗文互动频次最高的，也当推林光。今流传于世的《陈献章集》，存有写给林光的书信38篇，诗歌41首。陈白沙在学术上精心栽培林光，曾高度称赞林光说“得此道而践履笃实者，惟缉熙一人而已”，认为林光颇能体悟自己的思想实质，并融于日常的生活点滴，以致晚明著名学者屈大均这样评论道：“然白沙之门，见道清彻，犹以林先生光为最。光字缉熙，东莞人，所上白沙书，得力过于甘泉，可直接白沙学脉，弟子传当首缉熙。白沙尝语人云：‘从吾游而能见此道践履者，惟缉熙耳。’”的确如此，林光无论担任浙江平湖教谕、山东兖州教授，还是出任南京国子监博士，抑或聘任湖北襄阳王府左长史，为官二十载都能身体力行，践行白沙心学主张，且造成一定的社会影响。

在陈白沙所有的弟子中，湛若水最为知名，是陈白沙心学思想的衣钵传人。湛若水（1466—1560），初名露，字民泽，因避祖讳而后改名若水，字元明，号甘泉。其时，陈白沙所开启的心学思想渐成规模，趋之者甚众。弘治七年（1494）二月，29岁的湛若水前往江门拜师，正式成为陈白沙的入室弟子，从学六年之久，直到陈白沙辞世才作罢。湛若水初入白沙门下，其时陈白沙已经67岁。早已过花甲之年的陈白沙桃李成蹊，弟子成百，其中的佼佼者除了贺钦、李承箕、张诩、林光，还有李孔修、邹智等，这些弟子都有望成为陈白沙的衣钵传人，但他们均未能深入把握陈白沙学以自然为宗的思想精髓，无法从根本上体认静坐中养出端倪的工夫要义，因此都不符合衣钵传人的综合要求。湛若水在学习白沙心学思想基础上，提出了“随处体认天理”这一学术新见，深得陈白沙的赞同。他们师徒之间相知相契，情深意长。弘治十二年（1499），陈白沙在去世的前一年，效仿达摩西来、传衣为信的方式，把自己最重要的学术讲台“江门钓台”作为衣钵传与湛若水，语重心长地说：“兹以付民泽，将来有无穷之托。”且赋诗言道“莫道金针不传与，江门风月钓台深”，并特别兴奋地写信告知李承箕“受台者，老朽以民泽告之”。

湛若水一生仕途顺利，累官至二品，历任南京礼、吏、兵三部尚书。他享年95岁，在为官之余，创办了35所书院，有弟子3900多人，是明代书院教育运动的主要推手。他每建一所书院，都必悬挂陈白沙的画像或雕塑陈白沙的人像，宣讲陈白沙心学要旨。他不仅赓续陈白沙心学并有所创新，而且构建起自己独树一帜的学派，即甘泉学派，成为可与阳明学派分庭抗礼的一大显要心学派别，在明代中晚期的学界影响巨大，正如《明史》所言：“时天下言学者，不归王阳明，则归湛若水。”实事求是而论，湛学和王学之所以在教育影响上不相伯仲，这与陈白沙心学教育思想的奠基有着密切关联。

值得一提的是，陈白沙最具特色的教育方式，莫过于他的诗教。陈白沙存留下来的诗歌有2000多首，其中富有诗教意义的甚多，湛若水从中精选出165首，撰成《白沙先生诗教解》一书，丰富了人们对陈白沙心学的认知，使得白沙诗教的传播更加广泛。

纵观陈白沙七十三载春秋，他虽未能在政治上一展宏图，却在教育上突破程朱理学教育的思想窠臼，倡导“以自然为宗”“静坐中养出端倪”的教育理念，培养出不少颇具影响力的出色弟子，开启了明代心学教育的新篇章。

第二章
另辟门径　筑台讲学

作为明代心学思潮的开启者，陈白沙不仅是独具匠心的思想家，而且是成就卓越的教育家。在陈白沙生活的明代社会，天下独尊朱熹理学，不光官学教育笼罩着朱熹理学的色彩，民间的私塾村馆也几乎是言必称朱熹，诵不离《四书集注》。“此亦一述朱，彼亦一述朱”，推崇朱熹理学的学风影响所及，许多读书人只把朱熹的著述当作科举入仕的敲门砖，结果造成“道问学”和“尊德性”两者分离的严重问题。对此，陈白沙作了深刻的反思，并决心另辟门径，设教兴学。

纵观陈白沙的一生，从成化元年（1465）创办“小庐山书屋”到弘治十三年（1500）去世，他执教时间长达35年。陈白沙凭借一己之力，为社会培养了大量人才。如果着眼于交游及讲学活动，以游学京师为始点，循沿春阳台及楚云台、碧玉楼、江门钓台、嘉会楼等教学处所，可以清晰地勾勒出陈白沙五大阶段讲学轨迹，一窥其心学教育活动及传播图景。

一、游京师以文会友

陈白沙20岁参加广东乡试，考中举人第九名，紧接着于正统十三年（1448）四月入京会试仅中副榜进士而被选入国子监读书。其后，分别又参加景泰二年（1451）、成化五年（1469）的会试，均告落选。在成化二年（1466），39岁的陈白沙听从顺德知县钱溥的劝告，再返京师，重入国子监学习一年。自21岁时初入京师，到42岁告别京师，陈白沙在这时断时续共约四年光景的居京期间，广泛接触不同思想倾向的学者，对其批判程朱理学教育思想、逐渐建构心学思想主张起到了促进作用。

陈白沙前后四次远足京师，以文会友，结交了不少文人名士和朝中官员。在四次游历京师的过程中，对陈白沙心学思想生发具有重要影响的莫过于成化二年（1466）结识罗伦、贺钦和成化五年（1469）结交章懋的交游活动。

罗伦（1431—1478），字应魁，又字彝正，号一峰，江西永丰县人。成化二年（1466），罗伦在殿试中以万言长策作答，针砭时弊，入木三分，一举摘得状元桂冠。他始终笃守朱熹学术思想，强调修身持己，对儒家经典的阐释有独到见解，存世文集有《一峰集》。

在年轻的时候，罗伦与陈白沙一样，希望得到理学大家吴与弼的点拨。在《明儒学案》中，分别有两则罗伦拜谒吴与弼的记载。早在未夺魁之时，罗伦曾前往崇仁想见吴与弼。当时，娄谅向吴与弼介绍说：“此一有志知名之士也，如何不见？”吴与弼说了一句：“我那得工夫见此小后生耶！”便把罗伦打发了。罗伦考中进士之后，在一次贬官途中路过崇仁，再想登门拜访吴与弼，结果又碰了钉子。吴与弼效仿诸葛亮，试探罗伦的诚意，计划罗伦在第三回求见时才与他相见。但是，耿介直率的罗伦没能领悟到吴与弼的心思，最终愤懑地留下一首诗，拂袖而去，也从此不再与吴与弼交往。

尽管罗伦没能像陈白沙那样成为吴与弼的入室弟子，却毫未损及与陈白沙的深厚友谊。引用《四库全书》的一句评价，“伦与陈献章称石交”，其中“石交”一词，准确地表达出两人之间的交谊坚如磐石。

陈白沙和罗伦相识于成化二年（1466）隆冬之际。这一年，陈白沙入读京师国子监，不久便以《和杨龟山〈此日不再得〉韵》轰动士林，吸引了罗伦、庄昶、贺钦等新科进士的注目。罗伦凭借状元的身份，被朝廷授予翰林院修撰一职。他特地前往陈白沙居所，一睹被时人誉为“真儒复出”的风采。陈白沙也十分认同罗伦，二人相见如故，石交之情延及终身。他俩一见定交而至终身，交谊十二载，惺惺相惜，分享忧乐。二人常以书信、诗文互述衷肠，交流思想。自成化五年（1469）南京一别后，两人五年间都未谋面，47岁的陈白沙写下《代简答罗一峰殿元》一诗，说自己思念罗伦，头发白得都数不清：

台城一挥袂，忽忽星周五。
路永消息断，年深别离苦。
思君发为白，始白数茎许；
今晨对书尺，白者不可数。
先生天下士，讵肯顾衡宇？
怅望曹溪约，独与光也语。

别离相思之情，力透纸背。此外，对罗伦不能如约南华寺相见，陈白沙也深表遗憾。

在教育思想和活动取向上，陈白沙与罗伦都倡导主静的修养工夫，注重乡约的教化作用。难能可贵的是，二人还非常关心子弟、生徒的学习，鼓励他们异地交游，这在他们的诗文往来中也不乏其例。成化十一年（1475）夏，陈白沙命陈庸、容珽和易元三位弟子前往罗伦的老家江西永丰，登门领教。师徒在江门的白沙渡口分别时，陈白沙在《夏赠陈秉常、容彦昭、易德元使永丰谒罗一峰》的赠诗言道：

夜发白沙口，席影江门月。
洋洋一峰伦，望望何时接。
男儿亦何事，料理经事业。
千载曲江祠，中间可停楫。

诗中高度称赞罗伦的经学造诣，希望罗伦能当面指点三位学生，同时也要求他们好好向罗伦讨教，将来可以成就一番事业。

罗伦有个名叫马龙的弟子，正是经罗伦的介绍而后到江门，问学于陈白沙。当年陈白沙惊闻罗伦离世的消息，碍于病体而无法亲自悼念，无奈次年才派马龙和容贯赶往永丰，并饱含深情地赋了一首题为《赠马龙如湖西奠一峰先生》的悼念诗，其中言道：

晨兴坐扪虱，有客窥我床。
客来问何许，颜色惨不光。
去岁秋在季，文星坠西江。
而师罗一峰，幸视我弟兄。
相见不得语，失声泪滂滂。
子行诣湖西，问讯我有将。
夙昔梦见之，恍若芙蓉城。
觉来索苦句，句就涕未停。
何以告一峰，寄意于瓣香。
索火化奠文，一峰其洋洋。
我病久南海，欲往未得行。
送子出门去，目极秋天长。

如果说罗伦是陈白沙在京师所遇的挚友，而贺钦则可谓亦生亦友。正是在交友的过程中，贺钦被陈白沙的学术思想和个人魅力所吸引，执弟子之礼，心悦诚服地投师于陈白沙门下。这是陈白沙在省外头一回正式招收门徒。

在北方地区，贺钦是白沙学派的重要传人。他出身辽东的义州卫军人世家，但自小喜爱儒家典籍，善于独立思考。成化二年（1466），贺钦进士及第。时年，适逢陈白沙在京师重游国子监。贺钦听完陈白沙讲学后，叹服白沙心学思想，“笃信不疑，从而禀学，遂澹然于富贵”，“即日抗疏解官，执弟子礼事献章”。在他的心目中，陈白沙“学术醇正，称为大贤”。贺钦虽仅仅比陈白沙小9岁，且为新科进士，却虔诚地执弟子之礼，心甘情愿捧砚研墨，拜陈白沙为师。陈白沙与贺钦一见契合，欣然接纳贺钦为徒。在随后的师生相交三十多年里，贺钦时常表示如果没有陈白沙的教诲，自己难免成为患得患失的鄙夫。

据《明史》记载，贺钦“不务博涉，专读四书、六经、《小学》，期于反身实践，谓为学不必求之高远，在主敬以收放心而已”。贺钦这一为学取向实与陈白沙的教育影响密不可分。陈白沙经常写信教导贺钦，希望他“心地要宽平，识见要超卓，规模要阔远，践履要笃实。能是四者，可以言学矣”。在修养方法上，特别指点贺钦尝试静坐工夫，“为学须从静中坐养出个端倪来，方有商量处……若未有入处，但只依此下工，不至相误，未可便靠书策也”。陈白沙把自己独具匠心的“静中坐养出个端倪”修养工夫传授贺钦，希望他化为实际的行动指南。贺钦认同陈白沙这一静坐教学法，倡言“为学之要，在乎主静，以为应事建功之本”，并在自己的讲学活动中不断传播陈白沙的心学教育思想。

陈白沙在游学京师这段时期，除了接受贺钦为徒，还将上海人陈肃招入门下。陈肃当时也与陈白沙一同入读国子监，他在交往中发现陈白沙人品高洁，亦为陈白沙的学问所折服，遂拜陈白沙为师。

成化五年（1469），在自京师折返新会途中的9个月时间里，陈白沙又结交了一位重要友人，那就是章懋。

章懋（1437—1522），字德懋，世称枫山先生，浙江兰溪人。章懋与陈白沙在思想上志同道合，一见倾心，留下一段交友佳话。陈白沙途经南京之际，时任南京大理寺评事的章懋久仰陈白沙学识人品，便迫不及待与其论学讲道。二人就《论语》“吾与点也”章展开讨论，各抒己见。章懋十分赞同陈白沙将此章作为学者必修之课的理念，但批评当时居于主流学说地位的程朱理学对“吾与点也”的禅意解说。面对章懋的犀利反思，陈白沙应声回答“彼一时也，此一时也”，针砭在朱熹所处的时代，学者大多步入佛禅，因而他希望能够引导学者破解一味尊称程朱理学的局势。在相互问答之间，不仅使得二人的友谊得到升华，更激发了陈白沙对程朱理学的批判与反思，促进了其后“学宗自然”心学教育宗旨的提出。

凭借章懋的引荐，陈白沙以诗寄情，因文会友，结识了庄昶、黄仲昭、周源、涂志文、谢文祥、项麒、沈钟、潘琴、郁云、龙瑄、沈晖、姚璟等诗人、学者。

二、十载静坐春阳台

在陈白沙一生的教育心路历程中，静坐春阳台是项十分重要的活动。

景泰六年（1455）春，28岁的陈白沙离开江西，告别吴与弼，回到江门。次年，他在自己的宅第旁构筑一台，取名春阳。春阳台紧依着小庐山南面，空气清新，视野开阔。陈白沙身在其间，读书休憩，静心思考，但对孔子育才三千、高徒七十仰慕不已，“坐小庐山十余年间，履迹不踰于户阈，俛焉孳孳，以求少进于古人，如七十子之徒于孔子，盖未始须臾忘也”。终日勤勉，努力向上，以求趋近孔子教育理想之境。

许多学者对吴与弼的人品和学术非常景仰，从四面八方来到崇仁，纷纷投入他的门下，像余干的胡居仁、上饶的娄谅、祁门的谢复、常山的郑伉、金溪的胡九韶、昆山的魏校等。吴与弼是朱熹学说的忠实信徒，但思想偏于保守。他待初来乍到的学生，均不与其谈经论道，而是先让他们耕田劳作。吴与弼对待陈白沙虽然也偶使他干些农活，但每每和他是朝夕讲论四书五经以及宋儒作品，其为人为学的精神对陈白沙影响深远，陈白沙对其钦佩不已。陈白沙对吴与弼这样评论道：

> 康斋易知耳。予年二十七，游小陂，闻其论学，多举古人成法，由濂、洛、关、闽以上达洙泗。尊师道，勇担荷，不屈不挠，如立千仞之壁，盖一代之人豪也。

在陈白沙的眼中，吴与弼固然是一代人中豪杰，但他自己觉得跟随吴与弼学习收获不甚理想，总是欠缺些什么，找不到入门之径，难以体会孔孟之道的精妙所在。因此，聆听吴与弼所讲的儒家典籍，陈白沙时常倍感茫然：“其于古圣贤垂训之书，盖无所不讲，然未知入处。”在跟随吴与弼学习的大半年时间里，陈白沙读了很多书，但真正入脑的东西并不多。从学习心理这一角度来看，吴与弼的教学方法是低效的，光是大量给学生讲论圣贤经训的道德教条，而不教如何理解和吸纳其中的精神养分，学生当然就了无收获。

其实，陈白沙内心深处所追求的是一种思想自由、张扬个性并身心愉悦的学习境界和方法，而吴与弼基本上是因循朱熹由“道问学”至“尊德性”的教学路数，两者显然扞格不入。但是，受吴与弼学风影响，陈白沙返回家中，起初仍是采用闭门读书的套路，乃至数年忘寝忘食，学习效果依旧甚微。于是，陈白沙干脆把深似渊薮的圣贤经传搁置在一旁，以静坐为求学之方。每日静坐春阳台中，把程朱理学格物致知的繁难工夫化约为主体自我的体悟，经过反复践履，顿觉豁然开朗，体验出“盖以我而观书，随处得益；以书博我，则释卷而茫然”的道理，然后“见吾此心之体隐然显露，常若有物”，日用之间的种种应酬，随心所欲，“如马之御衔勒也。体认物理，稽诸圣训，各有头绪来历，如水之有源委也”。就这样，通过十年来的静坐春阳台活动，陈白沙终于心有“自得”，以自己的修养行为体证自己的心学教育主张，把握“得道”的有力之方。也就是说，陈白沙心学教育所谓的“道”，在人的“心之体”，而非包括在圣贤经典的书册中，更不在繁文缛节的经传注疏陈编里。

陈白沙极为强调“心”的作用，认为天地万物都是“心”的创造。他说：

身居万物中，心在万物上。

君子一心，万理完具。事物虽多，莫非在我。

希望每个学者都能够充分发挥自己的主观能动性，在探究万事万物之所以然中体认主体之心性。相形于朱熹理学教育的一系列主张，陈白沙“心具万理”的这一教育理念在明初学界的出现，并特别强调通过静坐的工夫来澄明心体，可谓别开生面。对此，陈白沙本人也焕然自信地表白：

作圣之功，其在兹乎！有学于仆者，辄教之静坐，盖以吾所经历粗有实效者告之，非务为高虚以误人也。

这番话出现于陈白沙在成化十五年（1479）所写的《复赵提学佥宪》，是陈白沙对自己十五年采用静坐方式开展教学活动的心得陈述。

陈白沙走出春阳台，宣告结束十年静坐的时间是在天顺八年（1464）。为此，陈白沙还特意写有《初秋夜》一诗，以示纪念：

自我不出户，岁星今十周。

丹砂求未遂，绿鬓去难留。
时节来将晚，山河值早秋。
西风卷雨去，星月满池流。

可以说，正是经历从景泰六年（1455）到天顺八年（1464）长达十载的静坐工夫，陈白沙才开辟出一条极富心学色彩的教育路径。

在陈白沙困学求道的思想历程中，十年静坐春阳台标志着陈白沙从反思、批判到创新思想的过渡，是他独自探究心学教育的一个新起点。

三、谈笑风生楚云台

十年静坐春阳台的日子结束后，陈白沙迎来平生第一个门生，那就是出自新会的伍云。伍云（1425—1471），字光宇，于成化元年（1465）拜师陈白沙。作为新会本地的门生，伍云得以最早接触并学习陈白沙的静坐教法。在伍云居所的北边不远处，有个亭子叫严亭。伍云时常出入于严亭，静坐其间，闭目养神，有时趺坐一整天。伍云为了践行陈白沙静心养性的教诲，亦为了往来于严亭的方便，还在严亭的附近盖了三间草屋，取名寻乐斋。他在简陋的寻乐斋里，恪守白沙静坐教法，持续了四个月，备受陈白沙的称赞。出身士大夫之家的伍云师从陈白沙，标志着陈白沙的教育生涯就此开启。

陈白沙较大规模招收门徒，是在他建造楚云台前后时期。随着陈白沙的名声越来越大，特别是他在京师取得“真儒复出”的美誉，很多学子纷纷来到江门，希望成为陈白沙的入室弟子。来自荆楚之地的李承箕，就是其中一位突出代表。

虽在千里之遥的武昌嘉鱼，李承箕对陈白沙的思想和学识敬佩于心。他从弘治元年（1488）初谒陈白沙到弘治十三年（1500）悼亡陈白沙，十三年间往返于嘉鱼和新会两地，不顾舟车劳顿，前后四次来到陈白沙身边，聆听陈白沙的教诲。李承箕虔诚好学的精神深深地打动了陈白沙。在弘治五年（1492），李承箕第二次远涉江门之际，曾赋诗一首，陈白沙欣然和诗，写了一首题为《次韵世卿再至白沙》的七绝：

脚底白云无定方，风流到处贺知章。
这回却是无人见，走共渔翁酒处藏。

无人对酒，索然无趣。贺知章与李白、李适之、李琎、崔宗之、苏晋、张旭、焦遂这几位盛唐诗人，被世人称作“饮中八仙”。他们嗜酒如命，直抒胸臆，坦诚相待，志同道合。陈白沙以诗言志，将李承箕比作贺知章，希望能够一起开怀畅饮。李承箕抵达江门后，陈白沙十分关心李承箕的日常起居生活。为此，陈白沙在所居住的碧玉楼旁边，专门建造楚云台供他居住。

其实，陈白沙建造楚云台不仅是让李承箕住得安心，更是为能和他随时讨论学问，交流思想。自弘治五年（1492）至弘治十年（1497），只要李承箕来到江门，陈白沙必定让他住在楚云台。在以楚云台为生活中心的师生交往中，二人留下了许多诗文。其中，陈白沙围绕楚云台，给李承箕写了不少富有生活情趣、处世哲理的诗歌，譬如：

楚云台呈世卿（四首）

其一

三杯拈铁笛，见月上瑶台。
初弄山石裂，再轰仙鹤来。
夜阑试静听，曲罢仍迟回。
何必扬州去，前村多美醅。

其二

行窝还几处，云水且吾台。
雨脚风吹断，潮头月涌来。
野桥牵木渡，沙径逐牛回。
亦有采樵者，放歌行负醅。

其三

有月严光濑，无金郭隗台。
悠悠百年内，又见一人来。

水槛秋逾好，山云暝欲回。
相逢各心醉，一语浃春醅。

其四

爽气通秋服，溪流静晚台。
高楼多自惬，真赏复谁来？
对月诗方妙，看山梦始回。
市沽堪便醉，况乃是家醅。

值得一提的是，诗中所言的“有月严光濑，无金郭隗台”的字面意思是歌颂严光不慕富贵、郭隗尊贤求教的思想品格，实质是要求李承箕淡泊名利，将严光、郭隗那样的精神发扬光大。

楚云台既承载了陈白沙的款款深情，也留下了李承箕的美好时光。在李承箕留存的诗文中，直接以楚云台为主题的诗歌有21首，都展示出求学岭南的收获和喜悦。比如，与陈白沙所吟的《楚云台呈世卿》相映照，李承箕所作《楚云台》四首诗分别如下：

其一

小楼危度涧，细路曲登台。
风月天能借，江山我得来。
马图还兆孔，鹤驾未迎回。
静洗偎云脚，前溪绿似醅。

其二

平生楚狂意，又上楚云台。
忽与千山会，都从太始来。
桥危人不渡，沙静鸟频回。
耐可招明月，清光照玉醅。

其三

平生无住着，何处又孤台。

脚版真如是，人间梦不来。
庭阴交树杂，草色映溪回。
有个纯阳子，时时共举醅。

其四

游梁怀往日，乘兴上繁台。
艮岳人间恨，黄河池底来。
心长难着倦，日暮易忘回。
孟浪今何意，颓然付浊醅。

虽然楚云台是陈白沙特意给李承箕安排的住所，但它亦是白沙弟子聚会谈天之地。李承箕在《楚云台小集时信丰俞溥德洪在坐》两首诗中，这样写道：

其一

秋天极目杳无穷，秋月伤怀语未工。
且就沧溟赊月色，送君还过小桥东。

其二

湖海相望路几千，楚云台上咏秋天。
而今不作西昆梦，莫记西昆说往年。

俞溥来自江西信丰，是陈白沙的一位弟子。而如果要讲与李承箕往来最密切的白沙弟子，恐莫过于容贯。容贯离开楚云台之后，李承箕思念不已，“一夜思君头欲白，秖思沉醉不思君”。

伴随朝夕相处的时光流逝，陈白沙和弟子们结下了很深的情谊。有一次，容贯在夜归宿舍的路上，一不小心跌入楚云台旁边的沟里，被同行的几个陈白沙弟子一道拽出。得知此事后，李承箕写了一首诗安慰容贯。陈白沙听闻也不禁大笑起来，宽解体弱多病的容贯，希望他能甩掉手中竹杖，锻炼身体，跃潜自如：

力危掉却手中笻，正赖诸公救得侬。
横加断岸悬双足，满吸清沟到几筒。
绵力不禁心转怯，衰年长苦病交攻。
无端轻泄天机破，能跃能潜果在公。

在充满欢声笑语的楚云台周围，除了李承箕、俞溥、容贯，还陆续聚集着其他陈白沙弟子，诸如罗冕、湛若水、张文瀚、周镐、周京、刘瓛、李严、雷震东、雷震阳、戴惠等。

四、群贤盍簪嘉会楼

嘉会楼在新会县城的东南二十里左右，濒临蓬江岸边。它南望崖山的大忠祠，西接圭峰的玉台寺，北联丁公祠、贞节桥，东控江门，是陈白沙和他的弟子们讲学之地，也是文人名士的聚会处所。

嘉会楼落成于弘治七年（1494），占地好几亩，四柱三大开间，不失为群英会聚的一大教育名楼。嘉会楼的命名，摘取《周易·乾卦》中所谓“嘉会足以合礼”的表述，象征众美会聚、群贤毕至的美意。

陈白沙以振兴儒家道统为己任，开启明代心学思潮先河，名满天下。陈白沙倡道岭南几近四十年，不但学者纷至沓来，连不少官员路经广东也会来到江门，拜访陈白沙。随着慕名之士的日益增多，当地原有的民居客舍已难以容纳。因此，在弘治七年（1494）六月，巡按广东监察御史熊达开始谋划找一合适地方，建楼来安置慕名前来拜访白沙的人。为了集思广益，更好地完成盖楼工作，熊达不仅征询当地一些官员意见，还特地写信给广州通判顾叔龙，请他帮忙选定建楼的地址。

顾叔龙是陈白沙的挚友。陈白沙得知要建嘉会楼，立即提笔书信三封，在表达谢意之外，反复跟顾叔龙说不想劳民伤财，额外增添政府的压力，请他和自己一同劝说放弃建楼的做法。但是，出于大力弘扬儒道的立场，并表彰陈白沙设学兴教的卓越贡献，广州和新会两级府衙仍旧决定出资兴建嘉会楼。经过百工三个月的齐心协力，终于在重阳节来临之前竣工。嘉会楼落成典礼那天，陈白沙挥舞自己亲手制作的茅龙笔，奋笔疾书“嘉会楼”三个大字作为门匾，并叫人把它高悬于楠木的门楣上。

当甲寅的重阳节到来之际，67岁的陈白沙没有如往常那样户外采菊、登高插萸，而是拄着手杖，引步登上嘉会楼，与新朋老友赏菊饮酒，欢畅游园。目睹新楼新气象，秋浪层层，菊花灿灿，笑语盈盈，陈白沙情不自禁地吟咏出《九日嘉会楼登高》五律同韵诗四首：

其一

引步下前除，儿扶杖亦扶。
会于何处胜，客有去年无。
天道常流转，园林又变疏。
暂留赏今日，醉莫看茱萸。

其二

兼有吟诗病，何妨着酒扶。
景逢佳处少，句向觅时无。
醉去乾坤小，醒来伴侣疏。
今朝嘉会会，不尽看茱萸。

其三

半酣壶矢折，又减两三扶。
九日江门有，千年栗里无。
山形当晚瘦，脚迹向秋疏。
问我登高去，都忘菊与萸。

其四

溪边菊一区，溪竹两相扶。
草木从吾好，风霜杀此无。
闲同九日醉，浩笑一生疏。
试问千云桧，何如小洴萸。

这四首诗均连用“扶”“无”“疏”“萸”四字为韵脚，一气呵成，折射出陈白沙对嘉会楼的赞美之情。

除了宣讲布道、吟诗唱和、招待友人等诸多功能之外，嘉会楼还兼有学生居所的用途。李承箕就曾陪同来自顺德的陈白沙弟子胡旦住在嘉会楼，饮酒作诗，彻夜长谈。二人一唱一和，李承箕在题为《胡达明共宿嘉会楼用前韵》一诗中，这样描绘道：

未曾于世息诗缘，醉后狂歌愧浪传。
逝水峡山惊昨梦，博沙江馆共今眠。
一灯文酒那能再，双脚沧溟果泛然。
肯啮君家五峰雪，回飙分付过南天。

透过陈白沙及其弟子的言语，可以看出嘉会楼不仅是陈白沙晚年教学生涯中的一块教育理想乐土，也是标志陈白沙政教合一精神的重要载体。正如陈白沙高足张诩在《嘉会楼记》中所言：“世道幸而有真儒者作焉，如日月，如川岳，开迷育物之功大矣，见之者得不谓之嘉会乎？慨自唐、虞、三代，君臣以斯道嘉会于上而道寓于政者，天也。如洙泗，如濂洛，师友以斯道嘉会于下，而道寓于言者，亦天也。又寂寥数百年，始得先生者为之倡焉。虽不见用于时，而溯流穷源，指示来学，异时出而为世用者，安知非其人也？然则先生所遇，独非天乎？”

五、江门钓台传衣钵

陈白沙一生培养了不少出色弟子，形成别具一格的江门学派。在众多的弟子当中，陈白沙将精心教导的湛若水视为江门学派的衣钵传人，并把极具心学教育精神的江门钓台这一标志性建筑，毫无保留地赠予湛若水。

打小在江边长大的陈白沙，非常喜欢垂钓。在他的老家都会村，明初的洪武年间有一位读书人名叫黎贞，被人们称作秫坡先生。黎贞饱览经书，撰有《秫坡集》《家礼举要》等书。洪武八年（1375），朝廷征辟他前往京师吏部，准备授予他官职。但是，黎贞志不乐仕，就放弃了这个当官的机会，决定留在江门，在挨近江边的自家门口筑起了一个钓台，以东汉的著名隐士严光自喻，过起了钓台悦读、烟波钓徒式的自由生活。这种陶然自得、淡泊明志的行为方式，让陈白沙神往不已。品读《秫坡集》的字句后，陈白沙赋诗道："笔端写出自滔滔，人物当为一世豪。欲识胸怀真富有，长江万里涌波涛"，并表达出向往黎贞那种"少年朝暮钓池傍，嬉戏哦吟送夕阳"和"羊裘不钓世间名，考迹桐江更考情"的洒脱风采。

陈白沙依照黎贞的做法，在离家不远的蓬江岸边筑起一座钓台。行船钓鱼自有乐趣，"出户行看月，移舟钓落潮"。但稳坐在钓台上，则可不惧风急浪高，"秋入江门风怒号，江水未落涛头高"。因此，陈白沙时常进入江门钓台，垂钓游乐，且慨然把它比作浙江桐庐富春江畔的严子陵钓台：

何处江边着钓台，楚云明月尽收回。
若比桐江还胜概，千年埋没一朝开。

之所以感慨万千，从内心深处而言，江门钓台在陈白沙心目中，除去是块坐观垂钓的好去处，亦是自己坐而论道、培养弟子的宜人之所。

正如姜太公直钩垂钓，愿者上钩，陈白沙在他人生最后几年的教育时光里，终于迎来他的衣钵弟子湛若水。他抑制不住兴奋之情，用"江门钓濑与湛民泽收管"为题，一口气写了三首诗。其中的第三首诗云：

江门渔父与谁年，惭愧公来坐榻穿。
问我江门垂钓处，囊里曾无料理钱。

明确地表示自己收管卷线了，彻底把钓台传与湛若水。江山代有才人出，湛若水承前启后，创造性地发展了陈白沙的思想学说，打破了"南去北来船过尽，无人肯住钓台前"的局面。

清代乾隆年间的新会知县王植写了一篇题为《修复钓台记》的文章，一语道出了江门钓台的深刻寓意。他点明江门钓台表面看来是钓鱼娱乐的场所，实则是陈白沙向湛若水等高足传道授业的净土，钓即其学，学即其道也，“渭滨之钓，非钓功也，而功从之；富阳之钓，非钓名也，而名随之；先生之钓，非钓道也，而道归之”。无论姜太公在渭河之畔，抑或严子陵隐居富春江，还是陈白沙择处蓬江边，都挣脱了世俗功名的羁绊，随心所欲，最终皆各得其所。

“非钓道而道归之”的陈白沙，顺其自然地钓来了自己的心仪传人，道有所属。那么，道属何人？那便是对白沙心学领会最真的湛若水。

进入陈白沙的门下不久，湛若水便烧毁礼部发放的会试“准考证”——部檄，一心一意习得白沙心学。他覃思精研，在继承白沙心学的基础上，提出了独具匠心的“随处体认天理”的为学宗旨，深得陈白沙的赏识。陈白沙在《与湛民泽》的十一封信中高度评价湛若水这一为学宗旨，由衷赞许道：“日用间随处体认天理，着此一鞭，何患不到古人佳处也。”也正是由于“随处体认天理”的命题深切契合了陈白沙“天地我立，万化我出，而宇宙在我”的心学精神，所以，陈白沙才把江门钓台这一“金针”传与湛若水，“莫道金针不传与，江门风月钓台深”。

基于上述的分析，就陈白沙的交游及讲学活动和思想发展与传播的过程关系而言，可以得出这样几点结论：（1）陈白沙善于运用游历交往和讲学活动的方式，主动、自觉地活跃在老师、朋友、学生之间，以虚心求教、相互切磋、适时点拨为枢机。（2）不论是处于人生的顺境，还是深陷命运的低谷，陈白沙都不忘初心，始终讲学不辍并乐在其中。（3）在交友及讲学活动中，勤于思考，敢于质疑，勇于创新。尤其难能可贵的是，面对有人对其自身的思想学说提出质疑时，他能以兼容、开放和创新的思想胸怀，用不以物喜不以己悲的精神泰然处之。拿陈白沙自己的话来讲就是：“余策杖自南海循庾关而北涉彭蠡，过匡庐之下，复取道萧山，溯桐江舣舟望天台峰，入杭观于西湖。所过之地，盼高山之漠漠，涉惊波之漫漫；放浪形骸之外，俯仰宇宙之间。当其境与心融，时与意会，悠然而适，泰然而安。物我于是乎两忘，死生焉得而相干？亦一时之壮游也。”（4）陈白沙的学术理想是“撤百氏之藩篱，启六经之关键”，开儒学岭南化之发端。在交游与讲学过程中，陈白沙进一步反思传统儒学，尤其是程朱理学给士人带来的思想桎梏。在他看来，“千卷万卷书，全功归在我。吾心能自得，糟粕安用耶”，六经的作用在于为我所用，实现自得于心、自得于理。因此，他呼吁学者摆脱章句束缚，以“自得”为唯一评判标准，着力于伦理价值和道德涵养，打破物我藩篱。这一思想在陈白沙其后的交游与讲学活动中得以逐步完善，追随者日益壮大，进而形成独树一帜的白沙心学思想体系，为明代儒学教育发展增添了别样的岭南魅力和心学色彩。

第三章
自然为宗　静养端倪

教育宗旨作为对教育预期结果的价值取向，既是教育活动的出发点，也是教育活动的归宿。可以说，教育宗旨从根本上不仅制约着每一个教育家的办学方向，而且具体地影响着他们对教育内容的确定、教育方法的选择、教育效果的评价，以及教育境界的追求。陈白沙一生汲汲于传道授业，勤于思考，对教育宗旨有着自己独到的看法，明确地提出以自然为宗而静养端倪的教育宗旨。正如黄宗羲在《明儒学案》中指出：“先生学宗自然，而要归于自得。自得故资深逢源，与鸢鱼同一活泼，而还以握造化之枢机，可谓独开门户，超然不凡。”这样一个评价颇切陈白沙教育宗旨之肯綮。

陈白沙反思当下社会种种教育弊端，以儒为本而兼容佛、道思想，为“自然”和“自得”这两个旧有概念注入新的内涵，希望为学者能在“自然”与“自得”之间高扬主体精神，释放自我，成就意志自由的理想人格。

一、学以自然为宗旨

陈白沙十分重视理想人格的养成，时常宣扬和鼓励人们要树立成圣为贤的志向，强调为师者和为学者都须以圣贤为榜样。他在《古蒙州学记》一文中指出：

默而观之，一生生之机，运之无穷，无我无人无古今，塞乎天地之

> 间，夷狄禽兽草木昆虫一体，惟吾命之沛乎盛哉。程子谓“切脉可以体仁”。仁，人心也。充是心也，足以保四海，不能充之，不足以保妻子。可不思乎？圣朝仿古设学立师，以教天下。师者传此也，学者学此也。由斯道也，希贤亦贤，希圣亦圣，希天亦天。立吾诚以往，无不可也。此先王之所以为教也。舍是而训诂已焉，汉以来陋也。舍是而辞章已焉，隋唐以来又陋也。舍是而科第之文已焉，唐始滥觞，宋不能改，而波荡于元，至今又陋之余也。

主张各级学校文化教育的根本任务，应是传习和弘扬以仁为核心的儒学精神，顺应生生不已的规律，反身而诚与万物一体，不断变化气质之性而彰显内在的仁德光辉，努力成就圣人的精神境界。所以，陈白沙宣称：

> 夫士何学？学以变化气习，求至乎圣人而后已也。

“学以变化气习，求至乎圣人”这一教育命题的表达，鲜明地反映出他对教育目标的总体认识，进而为其教育宗旨奠定了思想基础，也作为他探究人生观、价值观及世界观等问题的出发点。也正是缘于这样一种价值立场，陈白沙祖述孔孟思想，并深切地认同宋代理学家程颢“切脉体仁”的说法，经由自己的讲学活动和理论总结，自觉地赓续宋代理学道统思想而成为一个富有思想见地的心学教育家。

作为明代心学教育的开篇者，陈白沙既述且作，在自己的教育思想里坚守儒学教育理想，亦在坚守中积极创新，生发出“学以自然为宗”的教育宗旨。纵观陈白沙一生的教育思想学说，最具特色的莫过于他提出的“学以自然为宗”这一教育宗旨。

陈白沙依据“天地我立，万化我出，而宇宙在我”的心本思想，倡导“学以自然为宗”的教育旨趣。他的这一教育宗旨就是想引导学习者从程朱理学教育思想藩篱中脱离出来，使他们更多地表现出精神创造的指引作用，通过对生命的体验，进而成就人生理想。他给湛若水的信中反复提及“学以自然为宗”这一命题：

人与天地同体，四时以行，百物以生，若滞在一处，安能为造化之主耶？古之善学者，常令此心在无物处，便运用得转耳。学者以自然为宗，不可不着意理会。

此学以自然为宗者也。……自然之乐，乃真乐也。

其实，在陈白沙与其他弟子的书信往来中，“自然”一词的使用率也非常高。但综括而言，陈白沙所谓“自然”有广义和狭义两大层面的含义。广义上来讲，“自然”意指自然而然、生生不息、无为而自成的状态。落实在天地之间里，“自然”则是指春夏秋冬运行不已、万事万物生生不息的过程；反映在人事活动上，“自然”说的是应万事而不累、超然物外而自由自在的风貌。在狭义上，“自然”的含义又是什么呢？从陈白沙的教育话语体系来看，“自然”则意味着个体自我的心灵自由，其突出表征是“无滞”。“心在无物处”，就是不要拘泥事物表象，而要涵养本心，与万物融为一体，以追求“孔颜乐处”的人生境界。陈白沙十分仰慕孔子和颜回的人格意志和精神生活，“孔子曳杖歌，逍遥梦化后”，“饭疏食饮水，曲肱谢游遨”，认为孔颜之间这种“自然”之境始终流淌着一种真实而快乐的精神。“学以自然为宗”这一命题，可以概称为“学宗自然”。其基本要义就是每一个体都应以“自然”为法则，学习“孔颜乐处”的精神，抱有“自然之乐”的情怀，实现个体与他人、国家乃至天下的和谐化成，以成就圣人那种理想人格。“以自然为宗”这一为学旨趣表明了陈白沙对学习所持有的基本立场，折射出陈白沙的心学教育价值取向。陈白沙深有感触地强调：

学者苟不但求之书而求诸吾心，察于动静有无之机，致养其在我者，而勿以闻见乱之，去耳目支离之用，全虚圆不测之神，一开卷尽得之矣。非得之书也，得自我者也。盖以我而观书，随处得益，以书博我，则释卷而茫然。

求之书籍是博，求之吾心是约，而察于动静有无之间，致养其在我者则是由博返约。“非得之书也，得自我者也”实际上讲的就是以心统理、以心统性、以心统情、以心统物。从思想渊源上看，陈白沙这种致思取向主要来自陆九渊的影响。

作为心学的奠基者，陆九渊与朱熹以“理”为本位的思想针锋相对，提出“心即理”为其心学体系的核心命题，“人皆有是心，心皆具是理，心即理也”，“心，一心也；理，一理也。至当归一，精义无二；此心此理，实不容有二”，把“心”提升到和“理”一样的本体高度。基于“心即理”这一价值立场，陆九渊主张人的主观世界（“吾心”）和客观世界（“宇宙”）是统一的，也是同一的，拿他本人的话来讲，就是所谓“宇宙便是吾心，吾心即是宇宙”。由此，陆九渊进一步形成了“发明本心”的著名教育论断。他批评程朱学派“今日向学，而又艰难支离，迟回不进，则是未知其心，未知其戕贼放失，未知所以保养灌溉，此乃为学之门，进德之地”，认定程朱理学格物致知的为学工夫言来言去，转说糊涂，实在太支离。所以，陆九渊宣称自已的求理于“吾心”的易简工夫堪为最好的方法。与此相应，陆九渊又提出“六经注我，我注六经”的为学方法论，谆谆教导学者在为学上应向内而勿向外，“精神全要在内，不要在外。若在外，一生无是处”，大胆地认为六经不过是“吾心”的注脚，继而疾呼学者不要一味地沉溺于书堆之中，将圣贤的言语教条化。

正是对陆九渊心学的认同，陈白沙把建立主体性当作其教育哲学的根本任务。他秉承陆九渊心学思路，也以“心”为万物之宰，极力高扬主体的创造性，要求学者充分发挥主体意识，“君子一心，万理完具，事物虽多，莫非在我”，“终日乾乾，只是收拾此理而已。此理干涉至大，无内外，无终始，无一处不到，无一息不运。会此则天地我立，万化我出，而宇宙在我矣”。文中所讲的“我”已然不是指人的形骸，而是专指人的“心”，即人的精神。在陈白沙看来，人心作为主体而言，人极富创造性，有能力使“理”（亦曰“天理”“道”）由自在之物转化成为我之物。陈白沙夸大“心”的作用，认为天地万物都是“心”的创造。他说：

身居万物中，心在万物上。

人争一个觉，才觉便我大而物小，物尽而我无尽。

君子一心足以开万世，……夫天地之大，万物之富，何以为之也，一诚所为也？盖有此诚，斯有此物；则有此物，必有此诚。则诚在人何所？具于一心耳。心之所有者此诚，而为天地者此诚也。天地之大，此诚且可为，而君子存之，则何万世之不足开哉！

“心”不仅可以浩然与宇宙同流，浑然与天地同体，而且世界万理皆为“我”之“心”所具，万物散殊皆由“我”之“心”所有，这样“心”便无疑成了贯彻宇宙、包举万理的无所不能的本体。类似这样的表述在陈白沙的著作里俯拾皆是，但仅从所引的这些议论中，就足以看出陈白沙的教育哲学洋溢着多么浓厚的心学色彩。

其实，除去陆九渊心学教育哲学的影响，“以自然为宗”这一为学旨趣的形成最初是以陈白沙对程朱理学教育哲学的体验与反思为肇基的。从明朝建立伊始，程朱理学无论是在教育思想层面还是在教育制度领域，一直都占据着统治地位。“此亦一述朱耳，彼亦一述朱耳”，奉程朱理学为圭臬的学风影响所及，陈白沙早年也非常信奉程朱理学，“吾道有宗主，千秋朱紫阳”。为了更好地把握程朱理学，陈白沙不远千里到江西临川，求学于以理学而闻名的大师吴与弼，潜心研读程朱理学著作，但在吴与弼近一年的苦心教导下，陈白沙始终感觉未有所得。明景帝景泰六年（1455），28岁的陈白沙离开吴与弼返回广东故里。此后经过十多年的不懈探索，他才完成了离朱入陆的心路历程。对于陈白沙完成由唯程朱理学是从向以陆九渊心学为宗的思想转变，他的得意门生张诩总结陈词：

先生之始为学也，激励奋发之功多得之康斋。自临川归，足迹不至城府。……闭户读书，尽穷天下古今典籍，旁及释老、稗官、小说。彻夜不寝，少困则以水沃其足。久之，乃叹曰：“夫学贵乎自得也。自得之然后博之以典籍，则典籍之言我之言也。否则，典籍自典籍，而我自我也。”遂筑一台名曰“阳春”，日静坐其中，足不出阈外者数年，故其答某问学诗曰：“古人弃糟粕，糟粕非真传……吾能握其机，何必窥陈编？学患不用心，用心滋牵缠。……寄语了心人，素琴本无弦。”久之，又叹曰：“夫道非动静也。得之者，动亦定，静亦定，无将迎，无内外，苟欲静即非静矣。”

张诩与老师相知相契，他的一番话高度概括了陈白沙由朱学至静坐，由静坐至心学的思想衍化过程。在陈白沙看来，程朱理学那种从“道问学”入手而终及“尊德性”的为学取向，难以在根本上解决好读书与穷理之间的关系。出于对程朱理学教育哲学的理性思考，陈白沙殷切希望学者养成独立思考精神，尤其是贵疑精神。

因应于“以自然为宗”的为学旨趣，陈白沙在读书的观念和方法上也颇具特色。他一生勤学研读，手不释卷。陈白沙虽然重视读书，但他反对依傍门户而死读书，“今之学者各标榜门墙，不求自得，诵说虽多，影响而已，无可告语者”，认为读书之道应日日有所新，对书熟读精思而所得，“千卷万卷书，全功归在我。吾心能自得，糟粕安用耶”。在陈白沙看来，包括六经在内的卷帙浩繁的典籍既可算是精华，也可算是糟粕。那么，如何判别精华抑或糟粕？陈白沙这样说道：“读书不为章句缚，千卷万卷皆糟粕。”力主依靠自己的独立思考来区分精华和糟粕，一定要让书为我所用，并把自我的真切感悟与书中所蕴含的道理融会贯通。他还说，“抑吾闻之：六经，夫子之书也；学者徒诵其言而忘味，六经一糟粕耳，犹未免于玩物丧志”，“读书非难，领悟作者之意，执其机而用之，不泥于故纸之难也”，以为六经之所以变成糟粕，完全是因为一些学者诵言忘味，断章取义，不能透过语言文字的表象来深得其中的思想意蕴。也就是说，假如学者单单背诵言辞而不能领会其中精神实质，六经无疑沦落为糟粕的境地了。为防止学者掉进故纸堆，避免六经成为糟粕，陈白沙要求学者边读边思，敢于怀疑，不要盲从圣贤和轻信书籍：

前辈谓“学贵知疑”，小疑则小进，大疑则大进。疑者，觉悟之机也。一番觉悟，一番长进。章初学时亦是如此，更无别法也。凡学皆然，不止学诗即此。

很显然，这是对陆九渊所谓“为学患无疑，疑则有进”“小疑则小进，大疑则大进”的继承和发挥。陈白沙赞同陆九渊所提“学贵知疑”的观点，肯定一个人学问进步的大小与疑问的多少成正比。读书敢于怀疑，这样才能提高觉悟，知识也方能进步。陈白沙在这封写给张诩的信中虽是论学诗，但延伸到整个学习领域都能行得通。他以自己读书治学的实际经验为例，强调自己亦是如此。事实上读书治学的确如此，倘若面对书籍没有疑问抑或不敢质疑，那就根本谈不上什么分析和解决问题，这样只好甘做圣贤之言和书籍的奴隶，以圣贤之是非为是非，因循守旧而不能创新。正是抱着这种教育哲学的基本态度，陈白沙厌恶其时社会读书人致力于科举而读写八股文的现象，斥责他们一味地停留在朱熹“道问学”的阶段，肆意支离《论语》《孟子》等儒家典籍，使孔孟人文精神无法得到真正的宣扬。而要根除那种束缚思想、奴化性情的学风，让学者们挺立自我主体意识，成就理想人格，陈白沙认为循沿贵疑、重思以至寻获自得这样一种心学的教育哲学不失为一剂良方。所以，他常常将“以自然为宗”的为学境界叫作“自得”“浩然自得”：

孟子云：“我善养吾浩然之气。”山林朝市一也，死生常变一也，富贵贫贱夷狄患难一也，而无以动其心，是名曰“自得”。自得者，不累于外，不累于耳目，不累于一切，鸢飞鱼跃在我。知此者谓之善，不知此者虽学无益也。

士从事于学，功深力到，华落实存，乃浩然自得，则不知天地之为大、死生之为变，而况于富贵贫贱、功利得丧、屈信予夺之间哉！

由此可见，陈白沙所谓“自得”，实质上是追求一种知识学习与道德修养相结合的为学之境。根据“自得”的追求及自觉的深浅，陈白沙指出为学的路径大致可分成两条：一条是须要日积月累而展开实现的，可以言传的；另一条是无须日积月累而展开实现的，是不可以言传的。可以代表前者的就是程朱理学所提倡的格物致知之学，而可以代表后者的则是他自己所力主的“以自然为宗”但要归于“自得”之学。他说：“学无难易，在人自觉耳。才觉退，便是进也；才觉病，便是药也。眼前朋友可以论学者几个？其失在于不自觉耳。”这一学本自觉的看法，清楚地表达出陈白沙看重的并非仅是为学的知识积累，更为看重的乃是心灵的自觉。这种自觉的境界就是文章、功业、气节诸相得益彰，自得自乐。陈白沙在自己心田中，营造着“林乡”“醉乡”般的人间净土，对超然物外、无所负累的理想人格向往不已，“富贵非乐，湖山为乐；湖山虽乐，孰若自得者之无愧怍哉”。于是，寄情田园山水之间的陶渊明形象便时常出现在陈白沙的笔端，他把自己比作明代的陶渊明，“若道渊明今我是，清香还属隔江人”“眼前虽有黄花在，不与陶公解醉醒”“黄菊花开又一年，南山无分对陶潜”“不辞拼作陶潜醉，受尽长河一日风”。陈白沙借助陶渊明隐士形象的真实意图不是要学者像陶渊明那样躲避现实，物我两忘，悠然而适，而是强调应像陶渊明那样不与物迁，不随波逐流，汲汲于君子之“道”却丝毫不为“势”压服，不为五斗米折腰。在陈白沙的心目中，内在的“道”（“理”“天理”）远远高于外在的“势”（“名”“货”“财”等功名利禄及功利之心）。他十分赞同孟子“乐其道而忘人之势”的思想，认为一个人特别是读书人一定要胸怀“浩然之气”，成就“富贵不能淫，贫贱不能移，威武不能屈”的大丈夫人格，居逆境时绝不能自暴自弃，更不能奴颜媚骨，损人利己，处顺境时要勇于承担社会责任，充分发挥自己的作用。

从“学以自然为宗”的为学旨趣，我们不难发现在陈白沙教育哲学思想中，为学之道与为人之道是互为表里而融为一体的。陈白沙所津津乐道的“自然”与“浩然自得”，是一种处世之道，更是一种心理特征和自我之境。在外在形象上，它易使人马上联想到逍遥自在的道家人生风范，而其内在精神则是指一种读书人个体自觉以后所期望达到并可能达到的最高境界。这种精神境界就是学道而至于乐的境界。唯有进入了此种境界，方可称得上真正的逍遥、真正的自在。陈白沙平日教育学生时，经常叫他们感悟孔颜之乐。依照陈白沙的意见，孔颜之乐，是自我以认识“天人合一”为乐，以参透“心即天理”为乐，以找到自己在宇宙中的位置而安其所得为乐，以自己与万物浑然一体而观其自得为乐，以因为能安其自得、观其自得而在名教中获得“自由”为乐。为了树立读书人的自主意识，启发读书人的质疑精神，陈白沙认为“自得”是人之心体把握道体的最高表现，必须经历一个心性涵养的为学过程，亦即“功深”——展开对个体生命价值的深切体验。此外，“自得”还是心与道、理凑泊吻合融会为一的过程，亦即“力到”——着眼于个体的价值和审美的感受。而“功深力到”就是标志着为学者达到心与道、理合一的精神境界。主宰万物的变化而执守万物的枢机，不以有无生死为意，不以富贵贫贱为念，不以功利得失为事，不以屈伸予夺为务，畅游在天地之间，纵心于自然之境。这就是陈白沙“自得”“浩然自得”的意蕴所在。

作为陈白沙为学的自我体验，“自得”“浩然自得”有本体明觉、境界提升、心理磨炼、工夫洒落及人生终极关怀等多层次的意蕴。相形于陆九渊的心学教育哲学，陈白沙表现出更多的对道家和佛教思想的认同，因而其心学教育哲学含有把道德伦理色彩淡化和消解的倾向。陆九渊心学教育哲学主张将外在的道德规范与人的心性相联系，学者所以为学，学为人而已，强调做人对道德伦理的践履，使教育、为学尤其是道德修养过程走向他律与自律的统一，而陈白沙心学教育哲学倡导“学以自然为宗”，既要即伦理而又要超伦理，既要在现实而又要超现实，既主张优游读书又反对成为书本的奴隶，努力寻求一种“不离乎日用而见鸢飞鱼跃之妙”精神上的自我满足。陈白沙自己在这方面是一个表率。他不仅是一个孜孜矻矻、胸怀洒落的教育家，同时也是一个文采流溢、陶然忘我的诗人。他说自己：“优游自足无外慕，嗒乎若忘，在身忘身，在事忘事，在家忘家，在天下忘天下。”这种忘身、忘事、忘家、忘天下的表述从形式上来看，无疑带有道家和佛教思想的意味，给人一种与儒家所建构的修身、齐家、治国、平天下的为学宗旨和人生理想扞格不入之感。因之，无怪乎一些理学教育家乃至陈白沙自己的学生都讲陈白沙“为道”“近禅”。其实，陈白沙似老庄而非老庄，假禅而非禅，他汲取了道释的思维形式和学说内容，同时又扬弃了道释的思想学说，始终保持并丰富了儒家教育哲学的思想内容。纵观陈白沙一生的教育实践及其理论，可以说陈白沙是抱着出世的精神来对待社会的现实问题。所以，我们对陈白沙的“忘天下”之说不宜局限于文字表面去理解，而应透过现象去直探本质。实事求是而论，陈白沙所说的“忘天下”，并不是真的要教导人们厌世避世，而是教导人们不要被名利、功业、荣显等各种“金笼”所羁锁。他每每告诫学者无累于外物，称自己为“野人”，有“野性”“麋鹿之性”，不愿成为困在笼里的鹦鹉、海鸟，“金笼锁鹦鹉，山木纵斑鸠。巧拙知谁是？天机不自由”“何如海中鸟，鼓翅蓬莱间”，心愿像自由栖息于山林的斑鸠和自由翱翔于大海之上的海鸟一样，置身于山水之间，与生机盎然的大自然融为一体，这样就会感到尘扰俗累尽去，胸中烦忧芥蒂俱除，进而实现生命主体与客体的和谐统一。但陈白沙毕竟是一个儒学教育家，他指出一个有道德有理想的读书人，即使未能踏入仕途，也应以教为政承担起自己的责任，心系天下黎民百姓：

天下有任大责重而禄位不与者，苟能胜之，则至大至通，无方无体，故能为天地立心，为生民立极，为往圣继绝学，为万世开太平。所谓建诸天地而不悖，质诸鬼神而无疑，百世以俟圣人而不惑，此其分内也。

正是浸润着这种儒家教育精神品格，陈白沙在教育目标上始终标榜一生所愿是学做圣贤。

二、静中坐养出端倪

陈白沙结合“学以自然为宗”的为学旨趣，提出了颇具特色的“静中坐养出端倪”的修养工夫。他继承和发扬宋代理学诸儒主静的修养思想，认为“静坐”是进行儒家的道德修养和达到圣贤精神境界的可靠途径。他极力强调：

为学须从静中坐养出个端倪来，方有商量处。

夫养善端于静坐，求义理于书册，则书册有时而可废，善端不可不涵养也。

学劳扰则无由见道，故观书博识，不如静坐。

有学于仆者，辄教之静坐，盖以吾所经历粗有实效者告之，非务为高虚以误人也。

道德教育与一般知识的传授与学习虽有共同的规律，但亦有其自身特殊的规律。道德教育要注意道德行为的培养，也要注意道德情感、道德意志的培养，尤其要注意道德认识的培养。对此，陈白沙深有体验。陈白沙从心学教育哲学的立场出发，认为“静”是个体意志自由的根基，唯其心中无杂物，坐观天地得景全；唯其心中无杂念，坐视人间裕自如。而他所说“端倪”“善端”，实际上指的是“仁”这种道德性的精神本体。“仁”作为儒家学说的灵魂与根本，是由儒家创始人孔子最早提出的。在孔子那里，“仁”是一种调整人际关系的最高道德原则和道德规范。所谓“仁者爱人”，意即“己欲立而立人，己俗达而达人”与“己所不欲，勿施于人”的忠恕之道。“仁者爱人”作为处理社会生活中人际关系的基本准则，与时俱进而成为历代儒家学者矢志不渝的信条。

作为一个虔诚的儒家学者，陈白沙继承孔子的仁学思想，不仅把“仁”看作最高道德原则和道德规范，而且从理论上把“仁”加以论证成为一个道德性的精神本体范畴。但从教育的理论和实践来看，陈白沙发现人们由于感性经验、情绪意向的干扰和破坏，“仁”这种道德性的精神本体时常会难以呈露。陈献章通过自己的实践证明，只有在不受外部环境任何干扰和影响的“静坐”中，才能真切地体验“端倪”“善端”，而拥有这种体验，在处理日用伦常中的一切事务就可应付裕如，进而在精神上会产生出“鸢飞鱼跃”的愉悦情绪。用陈献章的语言表述，就是“其观于天地，日月晦明，山川流峙，四时所以运行，万物所以化生，无非在我之极而思握其枢机，端其御绥，行乎日用事物之中，以与之无穷”。于是，陈白沙根据自己为学的经验和心得，殷切希望学者以“静”为基本的修养方法。陈白沙早年遵循读书穷理的程朱理学教育方法，废寝忘食地研读儒家典籍且博览群书，但花去多年的时光，总觉得心是心，理是理，始终未能把心与理有机地结合在一起。后来，他去繁就简，由博返约，专意于“静坐”，“久之，然后见吾此心之体隐然呈露，常若有物”，再将这种从澄心静滤所涵泳到的儒家伦理精神落实于日常生活，便可随心所欲而不逾矩。反之，将涵泳于日常生活的儒家伦理精神稽诸儒家经典，便能感悟其头绪来历条分缕析，井然有序，宛如为有源头活水来。所以，陈白沙身居林下，每遇学生或别人向他问学，他总是现身说法，教他们“静中坐养出个端倪”的修养工夫，随处体认儒家伦理精神，而不要一味地死读书，把儒家伦理精神教条化。他谆谆告诫学者一定要摆脱外在的见闻，特别是不要被书本中的经验知识所束缚，而应立足于自己的内心，用自己的本觉去体认儒家伦理精神，进而映照外在的现实社会乃至自然世界。

关于“静中坐养出个端倪来”的命题由来，陈白沙认为除与他本人的教育经历和人生感悟息息相关以外，在思想轨迹上还可由陆九渊上溯到程颢、程颐和周敦颐。他说：

> 古人今人无不同也。……恶乎同乎？同其心不同其迹可也，同其归不同其入可也。入者，门也；归者，其本也。周诚而程敬，考亭先致知，先儒恒言也。三者之学，于圣人之道孰为迩，孰知之无远迩欤？周子《太极图说》：“圣人定之以中正仁义而主静。问者曰：‘圣可学欤？’曰：‘可。’‘孰为要？’曰：‘一为要。’一者，无欲也。”《遗书》云：“不专一，则不能直遂；不翕聚，则不能发散。见静坐而叹其善学曰：‘性静者，可以为学’”二程之得于周子也，朱子不言有象山也。此予之狂言也。

在陈白沙看来，周敦颐、程颢、程颐和陆九渊，以及朱熹诸儒在为学宗旨上并无二致，他们只是在入学门径上各自有所侧重。从宋明理学教育哲学思想的历史衍化来说，首倡“主静”这一修养工夫的是理学开山祖周敦颐。作为周敦颐的及门弟子、理学实际的奠基者程颢、程颐兄弟也主张“静坐”，二程传至谢良佐、杨时、罗从彦以及朱熹之师李侗，或主张“静中体认”，或主张“静坐”中看喜怒哀乐未发以前气象。至朱陆时，朱熹言致知而罕言“静”，但陆九渊继承周敦颐、二程衣钵而言“静”。陈白沙之所以发表如此议论，主要想讲明自己的“静中坐养出个端倪”的修养工夫是有渊源的。其实，朱熹也深受“主静”学说的影响，但他中年以后，始以“主敬”取代“主静”。朱熹以为，默坐澄心的目的是体认天理，而强调“静坐”，不免有禅学的意味。正如有人问程颐：“敬莫是静否？”程颐这样答道：“才说静，便入于释氏之说也。不用静字，只用敬字。才说着静字，便是忘也。”所以，为了与佛教之“静”有所区分，朱熹赞同程颐的意见，主张儒家教育应回避“静”字。另外，朱熹还反对为“静坐”而静坐，亦即反对把手段（“默坐澄心”）等同于目的（“体认天理”）的静坐。伴随朱熹思想影响的日益增大，宋元至明初的理学家关于人生的修养方法大都讲的是“居敬”（亦称“主敬”）。陈白沙认为，程朱理学所谓的“静”与“敬”，虽仅一字之差，但其意迥异。相形而言，“主静”主要强调心性“未发”时的静坐体认，“居敬”则要求道德主体对道德客体的专注、敬畏，而不区别心性的“未发”“已发”。虽然如此，也应认识到程朱力主“居敬”与“穷理”相融合的为学方法，对“静”字也有所顾忌，但他们并未完全漠视“静坐”。在二程那里，就有“每见人静坐便叹其善学”“程门立雪”等颇具影响的教育论说，朱熹也曾说过“敬字工夫，通贯动静。而必以静为本”，“穷理以虚心静虑为本”。正是有鉴于此，陈白沙依据自己对孔孟原始儒学的理解，对周程朱陆新儒学典籍的研读，特别是对道释学说的吸纳，不但将陆九渊“主静”的心学修养思想向前推进一步，而且更强调“我”之“心”的无限含摄力、创造力。而他所倡导的“静坐”就是要让学者默然而坐，胸中涵养，澄心静虑地觉悟孔孟思想意蕴，并在其中获得真正的人生快乐，就像他在一首诗当中所描述的那样：“真乐何从生，生于氤氲间。氤氲不在酒，乃在心之玄。行如云在天，止于水在渊。静者识其端，此生当乾乾。”在陈白沙的眼中，唯有心如止水，才能行云如天，也才能“养出个端倪来”。

由于“静中坐养出个端倪来”的修养工夫专意“静坐”，一些学者指责陈白沙心学教育是禅学，譬如与他同时代的胡居仁便认为“白沙为禅”。针对这种议论，陈白沙辩白说：“承谕有为毁仆者，有曰：‘自立门户者是流于禅学者。’甚者则曰：‘妄人率人于伪者。’……仆又安敢与之强辩？姑以迹之近似者为执事陈之。孔子教人文、行、忠、信，后之学孔氏者则曰：‘一为要。’一者，无欲也。无欲则静虚而动直，然后圣可学而至矣。所谓‘自立门户者’，非此类欤？佛氏教人曰静坐，吾亦曰静坐；曰惺惺，吾亦曰惺惺；调息近于数息，定力有似禅定。所谓‘流于禅学者’，非此类欤？”明确地表明自己坚信孔孟学说的价值立场始终未有改变，以为自己与禅学的主张只是形迹相似而已，且指出自己所谓的“静坐”也并非一定要面壁苦思，使念念者绝，欲欲者断，完全可以满目青山，笑对绿水，湛然以观万物而悟入自然之境，“窗外竹青青，窗间人独坐。究竟竹与人，原来无两个”。陈白沙一生仰慕孔颜乐处，推崇个人静坐自得的思想倾向，对湛若水及其而后的明代心学教育思潮产生了重要影响。

通过以上论述，我们可以看出陈白沙的“以自然为宗”的为学旨趣及其“静中坐养出个端倪来”的修养工夫，主要是致力于个体自我的主观觉悟、精神扩充，富有强烈的唯我色彩，鲜明地展现了心学教育哲学的特色。实事求是而论，陈白沙对明代教育的重大影响，就是他所倡导的“以自然为宗”的为学旨趣及其“静中坐养出个端倪来”的修养工夫，标志着明初程朱理学一统天下格局的瓦解，显示出明代心学教育思潮的开始，诚如《明史·儒林传序》所言：“原夫明初诸儒，皆朱子门人支流余裔，师承有自，矩矱秩然，……学术之分，则自陈献章、王守仁始。”这一评价颇为中肯。

第四章
言传身教　教化社会

陈白沙的衣钵弟子湛若水在《粤秀山白沙书院记》一文中说道："凡教化之事，有征信而易从者，莫若乡先生。乡先生白沙陈公者，为我明正学之宗。"认为陈白沙的思想学术堪为明代的正宗学问。除了讲学授徒，陈白沙一辈子扎根乡村，以身作则，教化百姓，和睦乡里，深得人们的信任与爱戴。实事求是而论，湛若水的评价是比较恰当的。他点出了陈白沙思想学术的本质所在，那就是白沙之学即教化之学，教人如何才能生活在一个有意义的世界里，以实现个体生命的社会价值。

一、修己立诚传身教

儒家学者十分注重教化，这种观念在陈白沙身上格外显著。在陈白沙看来，教化的目的固然是成己成人，但在教人做一个真正有意义的人之前，每一个教育者首先得不断修身养性，使自身成为一个有教养的人。

陈白沙认为，在成己成人的过程中，不管是受教育者还是教育者，都不能离开认知的作用，更不能缺乏"诚"的修养。"诚"作为儒家教育哲学体系中的一个基本范畴，始于《中庸》《孟子》。《中庸》主张："诚者，天之道也；诚之者，人之道也。诚者，不勉而中，不思而得，从容中道，圣人也。"还格外强调："顺乎亲有道：反诸身不诚，不顺乎亲矣；诚身有道：不明乎善，不诚乎身矣。"依照《中庸》的看法，"诚"的内涵非常丰富，既涉及哲学本体，更关联人伦道德，而落实在德行修养上，其核心的含义是虔诚修己、真诚待人。“诚”可视为天道本原，是宇宙万事万物存在和发展的依据，故追求“诚”当是做人的根本原则。成人之道如天道一样，真诚无妄，没有任何掩饰和欺瞒。在儒家的教育话语里，“诚”和“成”不仅有着词源学上的渊源，更关联着教育实践的意蕴，即“诚”的德性修为同时也是一个“成为”的过程。明乎此，则不难理解《中庸》所言：“诚者，自成也。”孟子正是深刻地把握到这一思想，进一步指出：“诚者，天之道也；思诚者，人之道也。至诚而不动者，未之有也；不诚，未有能动者也。”意思就是说，“诚”是天道赋予人的本性，追求“诚”是做人的根本原则。一个人做到虔诚修己、真诚待人而不能使人们受到感动，是从未有过的事。同样，毫无尽心虔诚、从不满怀真诚的人是无法感动他人的。

陈白沙从小就吟诵四书五经，深受《中庸》《孟子》的学说影响。他继承先儒有关立诚的思想，努力做到虔诚修己、真诚待人，并因材施教，号召人们选定理想的目标执着追求，博览群书，乐学好问，缜密思考，明辨是非，切实行动。

陈白沙经常教导弟子要以“诚”为本，小大由之，严于律己。有一回，他的挚友罗伦特意叫堂弟罗养明远足江门拜师求学。罗养明一心一意专研诗歌，颇有独到的见解。然而，如果仅仅是止步于学诗，漠视心性修养是无法想象的。在罗养明离开江门返回江西永丰老家之际，陈白沙告诫他说道：

> 君子之所以学者，独诗云乎哉？一语默，一起居，大则人伦，小则日用，知至至之，知终终之，此之谓知。其知在于立诚，其功在于明善，至虚以静之一，致实以防动之流，此学之指南也。

研读诗歌虽有培养审美情趣、增益知识的作用，但学习视阈不能局限于诗歌。世事洞明皆学问，无论人在行动与静止，抑或说话与沉默之间，都离不开理性认识的指导。理性认识贯穿于日常生活的方方面面，可用之而小，也可用之而大，其关键所在全系于能否修己立诚，努力做到博文约礼，明理积善，真正学有所得，并使所得最终有所落实，大事小事都能应付自如，这正是成为君子的学习指南。陈白沙是这样教导弟子的，自己也是按照这一指南践行的。

从学习的旨趣来讲，作诗和读诗都不乏各自的教育意义。身为一个爱诗如命的教育家，陈白沙一生创作并留下了两千多首诗歌。陈白沙认为诗歌不仅具有情感净化的功能，而且充满德性教育的作用。所以，无论春夏与秋冬，陈白沙都会携带弟子徜徉于自然的山水之间，以唤起人与自然万物的生命共感意识；与弟子一起深入乡村野巷，了解寻常百姓的生活点滴，而后通过自己的笔触化成诗的语句，让弟子们反复用心感悟，如遇困惑不解的时候，就随机进行点拨。正因为如此，有人这样评价道："白沙先生以道鸣天下，不著书，独好为诗。诗即先生之心法也，即先生之所以为教也。"连陈白沙本人也由衷而言："莫笑狂夫无著述，等闲拈弄尽吾诗。"

通过审视陈白沙给友人诗集所撰之序和一些诗评言论，诸如为朱英诗集题写的《认真子诗集序》，可以看到陈白沙对于诗教的文以载道意义有一个清晰的表述：

> 诗之工，诗之衰也。言，心之声也。形交乎物，动乎中，喜怒生焉。于是乎形之声，或疾或徐，或洪或微，或为云飞，或为川驰。声之不一，情之变也，率吾情盎然出之，无适不可。有意乎人之赞毁，则《子虚》《长杨》，饰巧夸富，媚人耳目，若俳优然，非诗之教也。……学者非欤，将其所谓大儒者工于道不工于诗欤？

在陈白沙看来，"兴、观、群、怨"是孔子对《诗经》的美学作用和教化意义的深刻认识，《诗经》所蕴含的发乎情而止乎礼的教化思想对巩固家庭关系、维系人际和谐、养成理想人格诸方面具有不可取代的作用。但《诗经》这一优良的诗教传统自两汉魏晋以降，除了在唐代的李白和杜甫以及北宋的程颐、邵雍、黄庭坚和陈师道等极少数诗人身上有所继承之外，几乎消失殆尽。之所以如此的主要原因是诗人的作品空洞无物，他们把注意力放在辞藻的修饰、声律的讲究上而背离了率性言志、平易自然的诗歌要义。他在《批答张廷实诗笺》一文中，曾谆谆教导张诩说道：

大抵诗贵平易，洞达自然，含蓄不露，不以用意装缀，藏形伏影，如世间一种商度隐语，使人不可模索为工。欲学古人诗，先理会古人性情是如何，有此性情，方有此声口，只是看程明道、邵康节诗，真天生温厚和乐，一种好性情也。

除了通过为友人、弟子的诗集写序，陈白沙还常以书信的方式与湛若水、李承箕、张诩、林光等弟子进行诗歌唱和，教他们涵养心性，体验诗意的生活。在陈白沙的熏染下，湛若水堪称习得其诗教意蕴和身心修养精髓的突出代表。湛若水默识涵养，动静皆宜，“春宜居罗浮，冬宜居甘泉，夏宜居西樵，秋宜居天关。何以谓之宜，顺气无乘愆。罗浮春花发，西樵夏木藩，天关秋水清，甘泉冬背寒。四时无穷运，吾以了吾缘”。顺应春夏秋冬的自然变化，将身心置于天地之间，悠然自得，别有一番境由心造、静养端倪的意味：“匪周天之息，息与天通，与天无极，而存之乎呼吸。一息之呼，吾气通天，与天同舒，草木蕃敷。一息之吸，天气通吾，与吾同翕，龙蛇藏蛰。靡吾靡天，通为一体。形分气牿，皮肤汝尔。一息一念，一念一天，是谓息存。与天浑然，是谓息至。自息至刻，至时至日，日至月至，三月不违。过此非我，天行无为。”在这篇《息存箴》中，很大程度上折射出陈白沙修养学说对湛若水的影响。

陈白沙在醉心诗教的同时，格外钟爱书法。他博采众长，行草兼具，尤为擅长草书，随笔点画，自成一派，弟子张诩由衷赞道：“能作古人数家字，束茅代笔，晚年专用，遂自成一家。”陈白沙早期临摹王羲之的行书笔意，后来转学颜真卿、张旭的草书章法，并植入欧阳询的峭劲风骨，且参用苏轼、米芾迅疾而雄健的灵动气韵，融会贯通，形成了独具特色的书家风格。

张诩所谈到的“束茅代笔”，指的是陈白沙自创的茅龙笔。陈白沙茅龙笔的原材料取自当地的圭峰山自然茅草。陈白沙独具匠心，经选裁、浸泡、锤砸、刮青等数道工艺，精细打磨，制成一支茅龙笔。从中国书法史的发展历程来讲，陈白沙茅龙笔可谓是以原生态的植物纤维创新制笔的杰出代表，不失为传统手工制作的毛笔典范。

书法是我国历史悠久的一种与汉字息息相关的文化艺术。历经数千年的时光打磨，伴随毛笔这一独特书具的产生及变化，无论魏晋唐宋还是元明清都出现了许许多多的书法佳作。在不同书家的笔下，不同的笔具呈现不同的风采。书家毛笔用毫范围广泛，可用羊毫、紫毫、狼毫、貂毫、猪鬃等，也可兼而用之，或可用互相搭配成中性的兼毫。只要敢于创新，胸有成竹，挥洒自如，便可达到雅俗共赏，乃至自成一家的书艺境界。陈白沙求变求新，以茅龙笔运之掌上，茅锋修长，极富弹性，所创作的书法作品别具一格。在陈白沙的茅龙书法作品中，留存于世的《慈元庙碑》《种蓖麻诗卷》是精品里的杰作，现已被列为国家级文物。

伴随书法创作的艺术活动，陈白沙还写下一些有关书法艺术及其人生修养的篇什。他在《书法》一文中鲜明地表达出这样的观点：

> 予书每于动上求静，放而不放，留而不留，此吾所以妙乎动也。得志弗惊，厄而不忧，此吾所以保乎静也。法而不囿，肆而不流，拙而愈巧，刚而能柔。形立而势奔焉，意足而奇溢焉。以正吾心，以陶吾情，以调吾性，吾所以游于艺也。

从这则言简义丰的书学谈艺宣言中，可以清晰地了解到陈白沙的书法美学价值取向，提倡“法而不囿，肆而不流，拙而愈巧，刚而能柔。形立而势奔焉，意足而奇溢焉”的书法风韵。在此值得一提的是，陈白沙这一书学主张对流行其时的“馆阁体”书风造成了一定的冲击。不仅如此，陈白沙所特有的书法理念及风格给其后岭南书法留下了深深的烙印，湛若水、梁储等不少白沙亲炙弟子都是明代后期颇负影响力的岭南书法家。

陈白沙好诗喜书的同时，还对古琴艺术极为热爱。他给自己取号“石斋”，即是缘于以石为琴。他与古琴相伴一生，亲自打造的“沧海龙吟”“寒涛”两张古琴名动于世，堪为岭南古琴中的稀世之宝。

陈白沙颇为强调琴乐涵养性情的教化意义。在日常生活中，他不时地带领一些弟子领略自然之美，抚琴于山水之间。在陈白沙的艺术熏陶下，像张诩、李承箕、伍光宇及陈秉常等弟子琴艺不断精进，个性也愈加儒雅。

可以说，正是在陈白沙的诗教、书艺和琴乐，特别是思想学说的言传身教下，弟子们各美其美，皆有收获。

二、孝悌为本塑家风

陈白沙非常重视家风建设，不仅创作了极富教化色彩的《示儿》（六首）、《诫子弟》、《诫懒文》等家训，而且写下了轻松诙谐有趣的《大头虾说》等随笔。他除了通过诗歌文章宣讲教化，还率身垂范，经常教导子孙应以孝悌为本，兼及忍、让、勤、俭、忠、信等德性涵养，希望他们时刻反求诸己，不断躬行实践。

从历史的角度看，孝悌作为儒家文化所倡导的一种最基本的道德规范，伴随中华古代文明的发展历程，逐渐成为中华民族共同的思维定式和社会心理。儒家文化认为孝悌是道德的根本，一切教化皆由此产生。在《论语》首篇《学而》的第二章中就出现了孔门弟子有子的三句话："其为人也孝弟，而好犯上者，鲜矣。不好犯上，而好作乱者，未之有也。君子务本，本立而道生。孝弟也者，其为仁之本与！"有子继承孔子的思想，强调孝悌是君子成就仁德的根本。"孝"的基本含义是孝顺父母长辈，"悌"则是友爱兄弟姐妹。两相比较，"孝"要比"悌"更为根本。孝道是数千年中国传统文化的根基，是人们日常生活的重要组成部分。如果追根溯源的话，"孝"这一思想观念萌生于以血缘纽带为基础的氏族社会，是每个族群伦理观念和社会政治的起始。进入西周社会时期，"孝"的道德观念日益发展，人们便把善于听从父母及老人的教训和服侍他们的思想行为叫作"孝"。从文字学的角度而言，金文中的"孝"字，是一个小孩（子）在老人的手下，搀扶着老人走路的形状，以表达小辈扶持老人来彰显"孝"的文字初始义。因而，东汉学者许慎所作的中国第一部字典《说文解字》对"孝"的解释是"善事父母者。从老省，从子。子承老也"，申明"孝"的意思为孝顺，尽心奉养并服从父母。"孝"字在造字结构上是个会意字，源于"老"字的省写，蕴含儿子要承奉老子的思想行事。此外，在我国第一部诗歌总集《诗经》里也可发现传扬"善父母为孝，善兄弟为友"的诗意。后来的不少诗文中甚至出现了把对老乌鸦进行反哺的乌鸦称为“孝鸟”。毋庸讳言，不同时代的人们基于不同的角度，都对“孝”给予了相当多的关注，不断丰富和发展了“孝”的内涵，使之成为中华古代文明体系中的一抹亮色。身处明代前中期的陈白沙祖述孔孟，高扬孝道精神，以身作则，敦厚家风，备受时人称赞。

纵观儒家孝道文化衍化历程，从孔子强调以“孝”为底线伦理的道德范畴和道德准则后，除了物质赡养这一事亲行为，敬亲也成为“孝”的核心组成内容。孔子反复教导弟子，主张“孝”不仅限于对父母的赡养，还应该是对父母及长辈的尊敬。譬如，《论语·为政》记载道：“子游问孝。子曰：‘今之孝者，是谓能养。至于犬马，皆能有养；不敬，何以别乎？’”孔子指出使父母免于挨饿受冻之忧仅是一种最底线的道德要求，点明尊敬才是人异于且高于禽兽的本质区别。也就是说，单单是赡养而无敬爱之心，绝非真正的孝子之道。正是深切地懂得此理，曾子在《孝经》中申言“孝有三：大孝尊亲，其次弗辱，其下能养”，《孟子·离娄》格外强调“孝子之道，莫大于尊亲”，认同“孝”的最高境界即是尊敬父母。先秦儒家均一致主张敬亲要具体落实在日常生活中，不光反映于外在的言行举止上的态度恭敬，更是自然源发于内心深处的体谅和敬爱，并亲身真切地服侍双亲的衣食住行乃至延及老病离世，践履丧亲之情远重于慎终追远之情。这一尊亲、事亲的伦理传统为后世所传承和践行。而发展到陈白沙的家庭德育思想及乡村教化实践里，孝道不仅是赡养敬亲，化育家风、美化风俗亦是其题中应有之义。

从思想认识上，陈白沙充分肯定“孝”是指导人们言行举止是否恰当的道德基础，“夫孝，百行之源。通于神明，光于四海”，认为尧舜之所以被世人视为德、智、功三者齐备的大圣，就是源于他们是孝悌的楷模。在陈白沙心目中，“孝”道之所以要以爱亲为大，是因为“爱亲，人子之至情也，不待教而能，不因物而迁”，认为敬爱父母这种根源于血缘亲情内在的情感，是与生俱来的，应当无须后天的教育便能感悟，也不应随着任何外物的变化就发生矫饰。陈白沙一生写有大量诗文，其中论及孝道的篇什甚多，旁及仁义礼智信和温良恭俭让的言论也俯拾即是。他曾在《处士李君墓志铭》中写道：“有道于此，匪难匪易。能者谓贤，不能者耻。母疾子侍，弟扶兄醉。尧舜之道，孝弟而已。”认为孝道核心所在是“母疾子侍”。陈白沙绝非在孝道观上高谈阔论，而是真切地用实际行动来践履对母亲的孝心。之所以将孝亲的对象落在母亲身上，实与其家世休戚相关。

陈白沙的母亲林化夫人年仅24岁就开始守寡，直至91岁去世。身为一个遗腹子，陈白沙幼儿时期体弱多病。母亲日夜担忧，为了使儿子茁壮成长，她坚持以乳代哺当主食，把陈白沙抚养到9岁才断奶。假使没有母亲的百般呵护，循循善诱，陈白沙根本无法长大成人。即使是在陈白沙到了56岁的时候，他的母亲依然舐犊情深，把陈白沙视同小孩一般呵护。成化十九年（1483），朝廷希望陈白沙留在京城为官，尽己所能，为国尽忠。而念及因相思而成疾的母亲，“母疾子侍”情结至深的陈白沙决意辞官，要求返回老家陪侍79岁的老母。在上疏明宪宗的《乞终养疏》一文中，他的孝母之情溢于言表：“缘臣父陈琮年二十七而弃养，臣母二十四而寡居，臣遗腹之子也。方臣幼时，无岁不病，至于九岁，以乳代哺。非母之仁，臣委于沟壑久矣。臣生五十六年，臣母七十有九，视臣之衰如在襁褓。天下母子之爱虽一，未有如臣母忧臣之至，念臣之深者也。”明宪宗被陈白沙的一片孝心所打动，便同意了陈白沙回家侍奉母亲的请求，还特意授予他翰林院检讨的官职，并希望陈白沙侍奉母亲终其天年之后，再踏入仕途，服务社会。

陈白沙所谓的“母疾子侍”，当然含有在日常生活上要尽心照料母亲的意思。但是，绝不能把陈白沙提倡的孝道仅仅局限在“母疾子侍”的物质赡养层面。在陈白沙看来，假如儿子对父母缺乏内在的孝心，那么就说不上是一个称职的儿子，如他明确地指出：“抑闻之，子不私于亲，非子也。”认为：“其所称孝，非常所称。常所称者，丰其养，厚其葬，生之封，死之赠而已耳。”强调假如有的人单单是在物质生活上供养父母，让他们衣食无忧，并且能使父母在世时获得政治荣誉，离世后也取得名誉封号，然而在心底深处对待父母毫无孝敬情感，这个人就不能算作真正的孝子。

在陈白沙的一生中，除了前后几次远足京师和前往江西跟随吴与弼学习之外，几乎每天都陪侍在母亲身边，悉心关照母亲的日常起居生活，对母亲充满敬爱之心。他的母亲为了心灵安顿，排遣烦恼，一有时间就烧香拜佛，久而久之成了一个佛教信徒。对于陈白沙来说，他自己笃信孔孟之道，且对佛教并无太多的信仰。弟子陈秉常请教儒学和佛教之间的差异，陈白沙用了一首七言律诗《答陈秉常询儒佛异同》予以解释："自古真儒皆辟佛，而今怪鬼亦依人。蚁蜂自识君臣义，豺虎犹闻父子亲。"认为能否知忠义、尽孝亲就是二者最大的区别，强调佛教不识君臣之忠义，不讲父子之孝亲。尽管自己不信仰佛教，但陈白沙从孝道出发，并不阻拦母亲去烧香拜佛。不仅如此，为了顺从母亲的心意，营造母亲的精神世界，陈白沙往往是依傍在母亲周围，倾心料理母亲敬佛祷告的相关事务，显现出一片孝子之情。

随着时光的流逝，陈白沙渐趋老境，体虚多病，但他的母亲健康无恙。陈白沙时常担忧白发人送黑发人，生怕自己比母亲离世早而不能替她送终。在母亲七十大寿之后，陈白沙坚持每晚沐浴更衣，秉烛焚香祷告，期望让自己能多尽孝心，亲自给母亲守孝送终。平淡中见真情，正是陈白沙孝行中的所作所为使得母亲无疾而终。68岁的陈白沙送走了91岁的母亲后，从此不再穿锦绣服饰。别人问他这是为什么，他一语答道："向者为亲娱耳。"表示母亲在世时，穿上锦罗绸缎，衣着光鲜，可使母亲赏心悦目。透过点点滴滴的表现，都不难看出陈白沙善始善终的真切孝行背后之孝心。

其实，"悌"也是陈白沙家风的重要部分。弟子张诩在描述恩师陈白沙和他的哥哥陈献文的关系时，这样说道："事伯兄如父，坐必隅坐。"只要是与哥哥坐在一块，陈白沙一定是请哥哥坐在正位，自己坐在一旁。陈白沙比陈献文要小4岁。在陈白沙这个耕读之家里，兄弟两人各有分工。他发奋读书，才学俱优，哥哥勤于耕种而少有知识。兄弟一生相处中，陈白沙从不恃才傲物而轻侮哥哥，总是待兄如父，非常尊敬哥哥。

在陈白沙的家风教育思想中，除了孝、悌之外，还有勤、俭、忠、信诸种美德的倡导及培养。

陈白沙一生教书育人，以耕读传家。他不仅希望学生，也希望自己的儿孙能够勤奋读书，学有所成，并懂得农耕蚕桑事务。他时常教导儿子陈景旸应端正学风，曾在为其所作的《送景旸赴秋试》一诗写道："未达穷通理，难忘得失心。安能谢朝市，且莫厌山林。"劝告陈景旸奋发向上，能够金榜题名固然是件好事，但如果名落孙山，也不要讨厌山林和鄙视农耕生活，"文章无定价，敝帚不论金"。

为了促使儿孙养成忍、勤、俭、忠、信等美德，陈白沙专门写了一组题为《示儿》的七言绝句：

其一

张公九世尚同居，忍字专书一百余。
受唾由来称长者，而今市辈却嗤予。

其二

姑也须烹妇也炊，采薪负水是男儿。
吾亲日夜伤离别，争得肝肠冷落时。

其三

百亩荒田力不支，如何千亩更营私？
相寻利害无穷日，慎勿逢人乞面皮。

其四

门前宾客偶相投，忽忽浮生五十优。
君贵我贫俱是分，敢将丘壑傲王侯！

其五

俯仰天人不敢言，直持素履到黄泉。
儿曹莫问前程事，若个人心即是天。

其六

圣心太极一明蟾，影落清江个个圆。
五十年来如梦觉，临岐更出示儿篇。

教育儿子要坚忍不拔、脚踏实地、勤劳治家、不求奢靡，更不能见利忘义。

在这六首诗中，映入眼帘的是头两句“张公九世尚同居，忍字专书一百余”，用来告诫儿子以唐代张公艺为榜样，遇事要学会忍让。诗中所提到的张公即张公艺，是我国唐代治家有方的典范。他以和治家，仗义疏财，九代同居，合族九百人，团聚一起，和睦相处。麟德年间，唐高宗祭祀泰山，路过张公艺家乡郓州，特意探视张公艺。唐高宗问道：“何以能九代同居并做到和睦相处？”张公艺当即展开纸张，写下《百忍歌》之文，其中有一百多个“忍”字。唐高宗看完后，感动得热泪盈眶。陈白沙受此启发，创作了一篇《忍字赞》，里面这样讲道：“七情之发，惟怒为遽。众逆之加，惟忍为是。绝情实难，处逆非易。当怒火炎，以忍水制。忍之又忍，愈忍愈励。”教导家人懂得忍让的重要性。

为了鞭策儿孙及弟子们积极向上，戒除慵懒的不良行为，陈白沙精心撰写一篇题为《戒懒文示诸生》的文章，让他们以之为座右铭：

> 大舜为善鸡鸣起，周公一饭凡三止。
> 仲尼不寝终夜思，圣贤事业勤而已。
> 昔闻凿壁有匡衡，又闻车胤能囊萤。
> 韩愈焚膏孙映雪，未闻懒者留其名。
> 尔懒岂自知，待我详言之。
> 官懒吏曹欺，将懒士卒离。
> 母懒儿号寒，夫懒妻啼饥。
> 猫懒鼠不走，犬懒盗不疑。
> 细看万事乾坤内，只有懒子最为害。
> 诸弟子，听训诲，日就月将莫懈怠。
> 举笔从头写一篇，贴向座右为警戒。

在这篇字数不多的韵文中，陈白沙从正面歌颂孜孜矻矻、勤于事业的名人典故。举用舜帝勤勉、周公吐哺、孔子好学、匡衡凿壁、车胤囊萤、韩愈焚膏、孙康映雪等勤学苦读的故事，教导弟子珍惜时光，踏实向学。此外，他又从反面力陈慵懒的诸多弊端，劝诫弟子们切莫懈怠。譬如，如果官员懒于理政，其管辖的吏卒就会蒙骗他；如果将军懒于治军，其统领的军队就会散乱无序；如果父母懒于家务，其生养的子女就会挨饿受冻。采取正反对比的写作手法，鲜明地揭示了勤奋向上的意义，指出了慵懒懈怠的危害。

陈白沙善于将思想哲理通俗化。他以百姓日常所见的大头虾为素材，把那些徒有其表而败絮其中、一味崇尚奢靡而鄙视节俭的人称为“大头虾”。

他特意写了《大头虾说》一文，引导人们不要做“大头虾”，而要懂得不骄不吝，务实勤俭。

陈白沙恪守修身齐家治国平天下的儒家伦理精神，形成了富有特色的家风，即以孝悌为本，读书明理，勤俭治家，待人忍让，辅之以忠信。如果要用一句话表达陈白沙的家风是什么，文学色彩较浓的便是“短墙疏竹是家风，男恋诗书女恋麻”。一望周围稀疏的毛竹点缀着矮小的墙垣里，儿孙读书识理，家人勤理桑麻，生动地展现出其“半耕半儒”所独有的家风底色。

三、读书明理促教化

读书明理是陈白沙的家风追求。这一家风文化对后代端正人生目标、砥砺思想志向起到明显的作用。它对于孩子成长是一种潜在的、无声的教育，是一种无言的力量。伴随陈白沙的社会名声日隆，岭南当地的百姓以及官员也受到了陈白沙教化思想的影响和熏陶。

“问渠那得清如许，为有源头活水来。”陈白沙早年对朱熹的思想非常信服，特别是朱熹所倡导的读书法。朱熹的读书法就像源源不断的一泓清泉，始终影响着陈白沙。千年积淀下来的优秀典籍凝聚了古圣先贤的思想智慧，是可供乡村教化发掘和传承的源头活水。

陈白沙思维敏捷，学识渊博，把提升自身素养的主要方法归于读书受教。而读书受教的一个重要前提，就是须明白“为己之学”和“为人之学”以及“为己之仕”和“为人之仕”的关系。为此，他曾在《新迁电白县儒学记》一文申言：

> 学校一也，所以有古今之异者，存乎人。孔子曰：“古之学者为己，今之学者为人。”程子曰：“古之仕者为人，今之仕者为己。”夫学以求仕之所施，仕以明学之所蕴，如表里形影然。皋、夔、稷、契、伊、傅、周、召，其载于《典》《谟》《训》《诰》，仕者之所施也，有为己之心乎？颜、曾、思、孟、周、程、张、朱，其传于著述文字，学者之所蕴也，有为人之心乎？

在陈白沙看来，“学”在内容划分上可以有两种理解，一种是德性之学，即道德修养。它的要求是由内圣而外王，读书受教的目的在于修养自身的学问道德，对社会能有所作为，而非用来装点自已给别人看。另一种是智性之学，即对儒家经典文化知识的学习。它的要求是博文明达，习得四书五经之旨，涉及诸子百家之书，不同的学者可根据自身禀赋和兴趣做到深思明辨，以达经世致用。陈白沙批判有的人学习不是丰富自己的思想才识，不是用知识的积累来提高自己解决实际事务的能力，而是沽名钓誉，向别人炫耀自己一知半解的水平。此外，他认为每一个读书人还需要处理好“为己之仕”和“为人之仕”的问题。因应“为己之学”和“为人之学”的差异，在踏入仕途的学者中呈现出为官尽责和为官谋私的两种不同施政现象。陈白沙指出，“为学”和“为仕”两者之间既有联系，也有区别。“为学”侧重于德性涵养，加强知识学习。“为仕”侧重于尽己所学，亲民教民，担负起应有的社会责任。但令人遗憾的是，现实社会中总是存在“为学”和“为仕”脱节的尴尬场景。所以，如何协调好“为己之学”和“为人之学”以及“为己之仕”和“为人之仕”的关系，是摆在陈白沙不得不思考的重要教育问题之一。陈白沙通过长期的思考，认为读书明理是这一问题的主要路径。

读书一定要明理，读出个所以然。陈白沙在《读罢有感》一诗中指出：“坐掩残书慨古今，白头契分向谁深？顶门欲试回生手，争得名家一寸针。”告诫人们不能读死书，边读边思，且要结合社会实际，这样才能真正取得进步。与陈白沙同时代的许多读书人，两耳不闻窗外事，一心只向八股文，汲汲于科举功名而对国计民生置之不理。面对新兴的八股制艺学风，陈白沙在读书中始终保持着不趋于八股流俗的清醒头脑，这是十分可贵的。

陈白沙在读到宋代编撰的《濂溪先生周元公年表》《朱文公年谱》时，他深有感触，赋诗二首：“千年几见南康守，叹息人间两谱开。但使乾坤留一绪，圣贤去后圣贤来。”“一语不遗无极老，千言无倦考亭翁。语道则同门路别，君从何处觅高踪？”陈白沙倍感江山代有才人出，像周敦颐、朱熹一样的名人贤士留下杰作层出不穷，殷切希望后人勇于创新，不要总是墨守成规。

陈白沙明确地说道：“圣人与天本无作，六经之言天注脚。百氏区区赘疣若，汗牛充栋故可削。世人闻见多尚博，恨不堆书等山岳。舍东丈人号芸阁，高坐松根自鸣铎；抠趋童子慎唯诺，口授心传为小学。《孝经》《论语》时参错，子史平生尽拈却。……读书不为章句缚，千卷万卷皆糟粕。”倡导要养成博约相济、学贵自得的读书精神，这样心中方有活水源头。讲得直白一点，读书必须求真务实，明白事理，这样才能成为道德高尚的正人君子和对国家有用的人才。

陈白沙一生手不释卷，尽穷天下古今典籍，旁及释老、稗官、小说，孜孜矻矻，独立思考，去伪存真，善于汲取各种书籍的精华。他对自己是这样要求的，对儿孙也是这样要求的。他特意给儿子陈景旸写了一首长诗，题为《景旸读书潮连，赋此勖之》：

日往则月来，东西若推磨。
及时愿有为，何啻短檠课？
强者能进取，不能空坠堕。
四书与六经，千古道在那。
愿汝勤诵数，一读一百过。
嗟予老且病，终日面壁坐。
古称有志士，读书万卷破。
如何百年内，能者无一个？
书生赴场屋，势若疾风柁；
不悟进为退，反言勇者懦。
吾闻邵康节，撤席废眠卧；
又闻范仲淹，画粥充饥饿。
砥柱屹中流，有力始能荷。
汝患志不立，不患名不大。
师友为汝资，薪水为汝助。
黾勉在朝夕，用为老夫贺。

教导在潮莲书馆读书的陈景旸要认真读书，盼望儿子能够同宋代理学家邵康节那样“撤席废眠卧”，同政治家范仲淹那样“画粥充饥饿”。朝夕之间如此这般，“我”作为父亲就心满意足了——“用为老夫贺”。他不仅勉励儿子要立志成才，做一个对社会有价值的人，而且亲自为孙子陈田教授功课。目睹孙子那么喜爱读书，高兴地用诗称赞：“日午课诗孙渐长，上堂夸与阿婆言。”当孙子陈田一出生，陈白沙喜出望外，吟诗一首表达愉悦之情：“新开斥卤走通川，剩种乌穧益税钱。士不居官终爱国，孙当从祖是名田。幸生天下承平日，屡见人间大有年。从此不须忧俯仰，茅斋向暖抱孙眠。”浓浓的爱国情怀浸透在诗篇中，祈愿孙子长大以后也能如自己一般拥有一颗爱国的赤子之心，心系天下。

他不仅叮嘱儿孙好好读书，勤学致用，还引导弟子反复研读经典，笃实体证，强调前圣先贤的智慧都凝聚在各种典籍之中。譬如教导来自番禺的弟子容贯说：

> 圣贤之言具在方册，生取而读之，师其可者，改其不可者，直截勇往，日进不已，古人不难到也。

要求他重视以孔孟为代表的圣贤经传，从中吸取精华，并落实于自己的社会实践中，长此以往就可抵达圣贤一样的精神境界。容贯出身寒门，重义轻利，丝毫不为外在的功名利禄所羁绊，深得陈白沙的青睐：

> 容生卓锥无地，从予游者十有一载，未尝对人作皱眉状。入京师，见声利烜赫辄不乐。语人曰：“古之仕者，将以行其志耳。徒食人禄而不知耻，虽吾不能以一日居。”生之志可谓笃矣……生方锐意以求自得，亦将不屑就予，又安知足履平地者果为何如也？

表扬容贯志向远大，人品端正，不慕高官厚禄，而十多年来一边从学于陈白沙，一边笃志修身，并投身于乡村教化事业。

在陈白沙的众多学生中，有的担任了地方官员，譬如丁积。丁积在任新会县令期间，遵照陈白沙读书明理促教化的教诲，体察民情，急人民之所急，造福于民，深得老百姓拥戴。有一年，新会遭遇大旱，天气苦热无比，陈白沙《苦热》这样吟道：

寻常衣汗湿青荷，争奈连朝溽暑何。
四象阴阳分老少，一年天地几中和。
水枯瓦沼蛙将徙，日炙山枝鸟不歌。
一事伤廉非得已，竹林冰簟受风多。

烈日滚滚不单是水枯蛙徙不已，热得连山间的鸟儿都懒得啼鸣。焦急而无助的农民看到谷种无法入土播种，便强烈呼吁县令设坛求雨，祈愿得到上天的庇佑。为了满足百姓的迫切心愿，丁积不顾酷暑，在圭峰山上设立祈雨坛。他在晨曦和晚夕时分连续七天斋沐，然后伏坛祈拜。身边的许多人心疼体质孱弱的丁积，怕他生病，劝他适可而止，休息一下。丁积婉言谢绝，认真地答道："民得雨，吾病何患撼！"到第八天的时候，天气依然酷热，丁积拜跪在焦灼的地上，汗水湿透了衣裳。忽然，一阵大风把香炉的火星飞溅到丁积的身旁，丁积却纹丝未动。之后，甘霖倾下，手下连忙替丁积撑伞遮雨，丁积命令撤去雨伞，与大家一起共风雨。拜天祈雨虽有违科学精神，但丁积能关注民生，勇于担当，不畏艰辛，与百姓共命运，实为难能可贵。丁积廉洁奉公，不贪污受贿，秉公办事，对道德教化工作十分重视。所以，陈白沙由衷称赞丁积是"今之良宰官"。

陈白沙认为为官一任须造福于民，要时刻宽以待民，这样百姓才会接受官府所推行的教化措施，形成教化行而风俗美的局面。他在《记旱，用前韵》一诗里叙述道：

箫管声停刺史衙，丰穰无复去年夸。
禾焦百亩还输税，菊到重阳可泛茶。
邻壤兵戈悲此役，隔村烟火问谁家。
诸公果解忧民极，肯算腰金不镂花。

陈白沙严厉批评那些高高在上、作威作福的庸官，罔顾民生，不修政教，怎么能够化民成俗，使百姓安居乐业？他认为推行社会教化的中坚是府县的各级官员，尤其是知府和知县。他说：

> 郡，大封也；太守，大官也。当风化未还之日，狱讼日繁，幸而主者不敢怠于其职，疲神竭知，夜以继日，孳孳犹恐弗及。如此者，今之所谓贤守也。

还说：

> 今令所急者，薄书期会而已。政教不修，何以为邑？徒食七品之禄，以在民上，安能使阴阳和、风雨时乎？

指出教化行而风俗美是地方主官义不容辞的职责所在。粤北山区的程乡县知县刘彬以教化风俗为首要职责，置地延师，捐资建造一所学宫和四所社学。程乡县教谕李钦、训导陈禄把刘彬兴学原委记录下来，并派秀才钟宏特地远赴新会，请陈白沙写一篇《程乡县社学记》。陈白沙欣然允之，并对刘彬捐资办学兴教化的义举称赞不已。

还需值得一提的是，陈白沙非常注意利用名人事迹及祠庙来实施道德教化。为了表彰文天祥、陆秀夫、张世杰，以及宋末皇帝赵昺之母杨太后的精忠报国精神，他亲自参与建造大忠祠、慈元庙，还为其配建了正气亭、哀歌亭、碑廊等。“立哀歌亭于西浒，刻信国诸诗其下”，希望人们在瞻仰这些祠庙的过程中，身历其境，陶冶情操。

在陈白沙的耳濡目染下，他的弟子及交往的不少官员都汲汲于教化实践。有的盖祠堂，写家训；有的办私塾，育人才；有的修家谱，缮县志；有的定族规，订乡约；有的守礼教，善其身。他们通过多种途径开展化民成俗活动，营造和谐乡村社会。

第五章

寓教于诗　别具一格

作为明代心学的开启者，陈白沙不仅是影响甚大的哲学家，而且是诗作繁富的教育家。陈白沙毕生钟情于教育事业，培养了许多优秀的弟子，像湛若水、李承箕、张诩、贺钦、邹智、陈茂烈、林光、陈庸、李孔修、谢祐、何廷矩、史桂芳等，创建起独树一帜的江门学派。江门学派何以独树一帜？一个最重要的原因，就是陈白沙在讲学中极为重视诗教，即以诗为教，把自己的人生理想和现实感悟化为诗意的语言，用诗歌的方式培养弟子，让他们在诗的世界里修养心性，升华自我，进而成人成己。

在几近四十载的教育生涯中，陈白沙的诗教别具一格。陈炎宗在《重刻诗教解序》中评价道："白沙先生以道鸣天下，不著书，独好为诗。诗即先生之心法也，即先生之所以为教也。……先生之道因诗教而益彰矣。"的确如此，陈白沙亦不无自嘲"莫笑狂夫无著述，等闲拈弄尽吾诗"。陈白沙秉承自觉自得的原则，绝意著书，致使人们无法目睹其有关哲学的鸿篇巨制。陈白沙留下来的谈论哲学性问题的文章极少，但他创作的诗歌则逾两千首。其中有不少诗篇充满诗教色彩，浸染着陈白沙的教育智慧。正是有鉴于此，他的衣钵传人湛若水从中精心挑选出165首诗歌，专门写了《白沙子古诗教解》一书。湛若水是纯粹基于心学的立场去解读陈白沙诗歌所蕴含的教化意义，而比较忽视陈白沙诗歌所折射的审美情趣。

平实而论，陈白沙诗教的内涵十分丰富，远非湛若水《白沙子古诗教解》所能穷尽。那么，陈白沙的诗教究竟有些什么意蕴？主要体现在陶情操，养德性；尚自然，乐其心；美风俗，富情趣等三大方面。

一、陶情操，养德性

“白沙诗教”的名称源自湛若水的《白沙子古诗教解》，而立诗为教且以诗施教，也恰是陈白沙的教育特色所在。明代初期，诗教式微。以杨士奇、杨荣、杨溥为代表的“台阁体”诗歌在内容上歌功颂德、粉饰现实，艺术上追求雅正、流连光景，造成严重脱离社会现实的形式主义诗风。陈白沙秉持先秦儒家“诗言志，歌咏言”的诗教传统，针砭“台阁体”诗风的流弊，在《认真子诗集序》中这样说道：

诗之工，诗之衰也。言，心之声也。形交乎物，动乎中，喜怒生焉，于是乎形之声，或疾或徐，或洪或微，或为云飞，或为川驰。声之不一，情之变也，率吾情盎然出之，无适不可。有意乎人之赞毁，则《子虚》《长杨》，饰巧夸富，媚人耳目，若俳优然，非诗之教也。

还在《夕惕斋诗集后序》中进一步指出：

天道不言，四时行，百物生，焉往而非诗之妙用？会而通之，一真自如。故能枢机造化，开阖万象，不离乎人伦日用而见鸢飞鱼跃之机。若是者，可以辅相皇极，可以左右《六经》，而教无穷。

认为诗歌必须发挥敦厚教化、陶冶情操的作用，不应以声律为本而一味求工饰巧。在上述所引的《认真子诗集序》和《夕惕斋诗集后序》两段话里，均是以“诗教”作结，陈白沙立诗为教的教育用心跃然而出。

如果说立诗为教是陈白沙教育理念的理想追求，那么以诗施教便是陈白沙教育自觉的躬行实践。陈白沙一生留下两千多首诗，其中充满教化意蕴的诗歌俯拾即是。

陈白沙以儒家思想为诗教的主要内容素材，时常对弟子展开教化：

六经尽在虚无里，万理都归感应中。
若向此边参得透，始知吾学是中庸。

这首题为《与湛民泽》的颇富哲理意味的七言绝句，是陈白沙专门写给衣钵传人湛甘泉的。此诗的字面大意为，要把握儒家六经的种种道理须以心去参透，这是因为世界上万事万物的所有道理都存在于心与物的交互感应之中。陈白沙常常教导湛甘泉要用心读书，透过语言的外在形式而与哲人神交，进而领略儒家经典所蕴含的深刻道理。在陈白沙看来，心境虚静，独立思考，是认知世界和体验人生最为根本的为学之方。正是在老师的点化下，湛甘泉好学不已，自觉自得，构筑出颇富特色的甘泉心学，进而成为与王阳明并峙的一代心学宗师。

再如《漫题》一诗："仕者必期通，隐者必期高。麋鹿或可群，肉食安可饕？圣人履中正，白首济川舠。悠悠荷蒉者，果识圣心劳？浮云驰白日，黍稷生蓬蒿。饭疏食饮水，曲肱谢游遨。汶上去不顾，陋巷贫绝交。徒闻武城宰，割鸡以牛刀。"结合诗中的内容，可知这首五言古诗的诗题谓"漫题"，是陈白沙彻底告别科举仕途而归隐江门的作品。"学而优则仕"是传统中国社会绝大多数读书人的一种追求，陈白沙亦概莫能外。他好学勤思，20岁参加广东乡试，考得举人第九名。21岁赴京应礼部主持的会试，仅中副榜进士，随即进入国子监深造。而后又连续进京参加会试但均以失败告终。从此，陈白沙远离当时的官场政治而隐居乡间，过着边耕读边传学的生活。其实，陈白沙依然心忧天下，希望政治清明。这首诗即是其心志的折射。此诗涉及《论语》的典故多处，如"孔子击磬""颜回之乐""退隐汶上""割鸡焉用牛刀"，点化《左传》"肉食者谋之"和《说苑》"履中行善"的事例，并以这些事迹为线索歌颂圣贤经世济民的政治情怀，告诫弟子勿做随波逐流的"荷蒉者"，而应天下有道就出来做官，无道就隐居不出，恰如其分地处理好穷达之间的关系。

湛甘泉与乃师相知相契，他在《白沙子古诗教解》指出："浮云白日、蓬蒿黍稷，既非有道之世，所以宁曲肱饮水而不出游。且欲如汶上之不顾，陋巷之绝交，而武城之宰以牛刀割鸡者，徒然闻之而已，则先生之不出，盖非果也，无其时耳。”这一诗评深得白沙诗教思想旨趣。

陈白沙十分仰慕孔子，希望也做一个杏坛设教的传道者。他在《龙冈书院记》中说：“昔者尧、舜、禹、汤、文、武、周公道大行于天下，孔子不得其位，泽不被当世之民，于是进七十子之徒于杏坛而教之，择善力行，以底于成德。其至也，与天地立心，与生民立命，与往圣继绝学，与来世开太平。若是者，诚孔子之教也。……予少无师友，学不得其方，汩没于声利、支离于秕糠者，盖久之。年几三十，始尽弃举子业，从吴聘君游，然后益叹迷途其未远，觉今是而昨非，取向所汩没而支离者，洗之以长风，荡之以大波，惴惴焉，惟恐其苗之复长也。坐小庐山十余年间，履迹不踰于户阈，俛焉孳孳，以求少进于古人，如七十子之徒于孔子，盖未始须臾忘也。”表白自己以孔子为榜样，用张载“与天地立心，与生民立命，与往圣继绝学，与来世开太平”四句教的精神投身教育。他努力践行孔子的有教无类思想，广开门户，不拘一格，培养出不少德才兼备的弟子。这当中政、学皆优的弟子无疑是湛甘泉。除了湛甘泉，陈白沙弟子德才兼济、勤政为民的也不乏其人，像贺钦、陈茂烈、林光等。根据阮榕龄《白沙门人考》的考证，名气较大的弟子有170人，其中154人出自广东，16人来自外省。

针对每个弟子的个性和资质，陈白沙因材施教，除了面谈、函授的教学方式，经常采用的即是诗教。从诗的字数、用韵、对仗等来看，四言诗、五言诗、七言诗有之，古体诗、近体诗亦有之。例如，他写给湛甘泉的四言诗《与民泽》：“圣人之学，惟求尽性。性即理也，尽性至命。理由化迁，化以理定。化不可言，守之在敬。有一其中，养吾德性。”用短短的四十字就把自己心学的要义概括出来，希望湛甘泉切实用其涵养德性。

二、尚自然，乐其心

在陈白沙诗文中，“自然”一词随目所及，俯拾皆是。陈白沙所谓的“自然”，除了涵括宇宙间的生物界和非生物界之意，主要是指天地万物（包括社会、人伦、礼俗）在自得之心印映下自由、自在，没有任何外在添加，即陈白沙所言：“大行不加穷亦全，尧舜与我都自然。”“出处语默，咸率乎自然，不受变于俗，斯可矣。”对于“自然”这一范畴，陈白沙有着自己独到的见解。他在题为《读张地曹偶拈之作》一诗写道：“拈一不拈二，乾坤一为主。一番拈动来，日出扶桑树。寂然都不拈，江河自流注。濂洛千载传，图书乃宗祖。”湛甘泉认为这是一首典型的诗教之作，因此他这样解释道：“言此心若感通拈动，则天地之道大明，如日出扶桑矣。若此心寂然不动而无所拈，则天地之道无为而江河流注矣。所谓拈一不拈二而斯道大明者，上有《河图》《洛书》为之祖宗，而下有《圣学篇》独得其正宗。所谓一为要者，示我以自然之矩度也，岂可以拈二哉？”指出人心如果感通拈动，则天地之道就像日出扶桑一样光明宏大；人心如果寂然不动而无所拈，则天地之道就像江河流注一样静谧无为。循沿陈白沙这一“自然”的诗教理念，湛甘泉进一步阐发说：“白沙先生之诗文，其自然之发乎？自然之蕴，其淳和之心乎？其仁义、忠信之心乎？夫忠信、仁义、淳和之心，是谓自然也。夫自然者，天之理也。理出于天然，故曰自然也。”于此，湛甘泉把“自然之蕴”的精义归于“淳和之心”“仁义、忠信之心”，进而揭示陈白沙诗教中的“自然”可理解为“忠信、仁义、淳和之心”。依照陈白沙的看法，“忠信、仁义、淳和之心”正如孔子所言“从心所欲而不逾矩”一样，它是一种应万物而不受万物所累的自由，即人的精神达到“无滞”之境。正像陈白沙时常语重心长地教导湛甘泉：“人与天地同体，四时以行，百物以生，若滞在一处，安能为造化之主耶？古之善学者，常令此心在无物处，便运用得转耳。学者以自然为宗，不可不着意理会。”“心在无物处”，就是心不要停滞在一个事物上、牵制在一个念头上，这样的结果就叫“自然”，这样的境界也叫“自然”。拥有这样的一种结果和境界，人心便自然而然乐在其中。“以自然为宗”的教育理念始终贯彻于陈白沙的诗教之中。

自然之物在陈白沙的诗中屡见不鲜，面对种种美景，陈白沙不免诗兴大发。如陈白沙在《观时》中所写的：“山云将雨过桃溪，晚脱万红何处溪？年光也逐溪流转，已送啼莺过隔溪。”他描写了雨后山中所见的景色，并点明时间、地点，照应诗题。陈白沙用“溪流”为纽带，将“山云”“春雨”“日暮”“桃花”“莺声”诸意象融会成一幅春风莺声、桃花瓣落溪中的雨后春山图。通过视觉、听觉和味觉，把弟子引向广阔的大自然，让弟子自己去体味那莺啭花香的满心春色，进而与时偕行，感悟那无形无色的美好光阴，“观时”这一诗题的点出则水到渠成。此诗初读似觉平淡无奇，反复涵泳，便觉别有一番风味。它的诗味不在于艳丽的辞藻语汇，不在于雕琢的艺术手法，而在于它清新怡然的心境。全诗毫无“无可奈何花落去”的悲感，表现了陈白沙觅得大自然的真趣，对万物生生不已的赞美。

借景述意是陈白沙诗教的表现手法：

扁舟何处渡长津，水阔烟生不见身。
莫向西岩敛高楫，天涯时有暮归人。

秋天的烟雾弥漫中，一只小船在辽阔江面上悠然航渡，自在浮泊于长河要津。眼见夕阳渐下，也不急着收起桨儿，因为水天暮色中说不定还有归客呢。这首诗名为《秋江晚渡》，实际上是“摆渡他者”，也就是“扁舟系于有心人”的意思。陈白沙一身居于民间，满腹才华，始终不得官府所用，但他丝毫未有“野渡无人舟自横”的失意和悠然。陈白沙是个洁身自好的诗人，更是个奉行儒家“修己以安人”情怀的君子。诗人的“扁舟”驶入“水阔烟生”的迷人风光，比喻自己与道合一，达至任其自然的境地，这种身临其境已然是“不见身”，确是“从心所欲而不逾矩”的一种思想高度。天涯之际的“暮归人”在诗人心目中，意指有朋自远方来的同志学人。从文字表象看，似乎诗中所书写的不过是咏物抒情，但渗透在全诗里的摆渡人精神，却使人隐隐约约感受到在这“扁舟”“长津”“暮归人”的背后所潜藏着以诗为教、诲人不倦的教育情怀。

陈白沙在《次韵梅侍御赠别》一诗中结合形象和哲思来对弟子启发哲理：

朱弦一弄白云深，山水何人共赏音。
老去布裘偏爱日，春来花树不宜阴。
两端姤复虽天道，一体乾坤是此心。
扶病寒江远相送，古椰叶脱北风吟。

诗题中的“次韵”，也称步韵，意指依次用所和诗中的韵作诗。这首七言律诗的韵脚为侵韵。友人梅愈赋诗在前，陈白沙依照“侵”韵所属之字，在临别之际，赠诗以和之，辞简意多，情理盎然！陈白沙于首联和颔联“朱弦”“白云”“高山”“流水”“布裘”“冬日”“春花”的意象中驻心穷达，表明身着锦帽貂裘未必能感悟一袭粗布棉衣、纵情自然山水之乐，更不消说体验到“一阴一阳之谓道”的“天地我立，万化我出，而宇宙在我”的万物一体之境。紧接着的颈联，顺理成章便吟出“两端姤复虽天道，一体乾坤是此心”的至理佳句，借由阴阳互转而两两相对的“姤”卦、“复”卦、“乾”卦和“坤”卦的生生变化，认为阴阳相遇往复，比之人若能自强不息、厚德载物，则可静养端倪、成人成己。但这首诗毕竟是写给久居官场的友人的一首赠别情诗，尾联回应首联，希望梅愈能够找到真正的知音。瑟瑟寒风，抱病远送，从中可见陈白沙对品行高洁的梅愈的款款之情。这首诗情理交融，说理论道，化用典故，特别是连用《周易》“姤”卦、“复”卦、“乾”卦和“坤”卦四卦，使弟子对陈白沙充满心学气息的哲理诗留有鲜明难忘的印象。

《周易》也是陈白沙教导弟子的重要教材，陈白沙读《周易》有感而作：

南乎不可北，东乎不可西。
自从孔孟来，君子恒处睽。

该诗用语简朴，如同谈心，乍看平淡无奇，但反复涵泳，深刻的理趣跃然纸面。南北各处一端，东西分处两边，这是自然界的一种分隔、对立现象。现实的社会生活中，也不乏这样的分隔、对立局面存在，比如君臣之间、士人之间、百姓之间等的关系。从孔子、孟子以来，君子们始终处于“睽”卦乖离而独处这样的状态。“睽”卦是《周易》六十四卦之一，其象辞说：“上火下泽，睽。君子以同而异。”意思是说，“睽”卦的卦象是兑（象征泽）和离（象征火）的组合，为水火不容之表象，象征着分隔、对立。“睽”卦象辞中的“君子”，主要是指在上位的统治者。“君子”如遇“睽”卦这种情形，应想方设法与人沟通，在求大同的前提下，保留小的异议，以避免因小异而失大同。总之，“睽”卦的智慧是讲交往相处时有分歧和对立，“君子”要海纳百川，善于求同存异。此诗的“君子”一语双关。读者往往留意士人这一不南不北、不东不西而被悬隔不用“恒处睽”的君子含义，却大多漠视其中的成因，即《周易》“睽”卦中所讲到身居高位的“君子”原意。陈白沙借用“睽”卦的要义来隐喻专制政治的独断、上下之间的疏离，特别是许多德才兼备的君子无用武之地，因此他感慨万千，恰如高足湛甘泉所言：“自孔孟以至今日，君臣上下不相会合，故常处‘睽’卦也。其感慨深矣。”

陈白沙专为唱和弟子张诩之诗而作的《次韵张廷实读〈伊洛渊源录〉》：

往古来今几圣贤，都从心上契心传。
孟子聪明还孟子，如今且莫信人言。

其中不乏诗教的普世价值。诗题中所谓“次韵”，也叫步韵，是指古典诗词写作的一种方式。它的基本要求是依次采用所和之诗的原韵原字来作诗，是和诗中限制最为严格的一种文体。张诩从学于陈白沙前后十九年，是陈白沙颇为欣赏的弟子之一。陈白沙一生中意的弟子并不多，张诩则是深得陈白沙喜爱的一位。张诩勤奋读书，刻苦钻研，28岁考中进士。他经常往来于南海和老师所居新会县的白沙小村之间，师生俩切磋琢磨。在陈白沙先生的教导下，张诩学问精进，收获良多。此诗教导张诩对理学大家朱熹编撰的名作《伊洛渊源录》，应进行批判性的阅读，强调古往今来的圣贤都是以心为本体，与经典相知相契，得意而忘言，切忌死记硬背而人云亦云。学问的真谛在于独立思考，质疑解惑，就像孟子所言：“尽信《书》，则不如无《书》。”进而在自求自得的基础上创造出新的见解。

陈白沙还教以弟子“洗心”：

一洗天地长，政教还先王。
再洗日月光，长令照四方。
洗之又日新，百世终堂堂。

这首题为《梦作洗心诗》的五言古诗用三个“洗”字，贯穿起天地、日月、四方、百世这些意象，强烈地表达出陈白沙立志对现实世界作一番改革的决心。陈白沙的内心世界十分纯净，所以看到社会的肮脏现象甚是担忧，不想见到百姓日益沉沦其中而不自知。对此首充满明代心学意味的哲理诗，其高足湛若水这样解释道："一洗其心，则天地长清宁矣；再洗之，则日月合明而照四方；又洗之，则此道流行百世不息矣。""一洗""再洗""三洗"所达的理想境界，层层递进。苟日新，日日新，又日新。若能澄澈本心，修养德性，日日"洗心"，内外合一，便可成就"天地我立，万化我出，而宇宙在我"的人生理想。

三、美风俗，富情趣

在日常生活的方方面面，陈白沙也多以诗歌来教导弟子。如陈白沙在元旦时作的《庚子元旦》：

风日佳元日，乾坤自此春。
蒸空云气湿，照水柳芽新。
笑语聊供客，杯盘少对人。
能宽垂老意，花鸟不无神。

陈白沙所写的是庚子年的正月初一，这一年，是明朝的成化十六年（1480）。诗的开头两句点题，正月初一风和日丽，大地回春。紧接着，诗人放眼四顾，云蒸霞蔚，岸边的青柳抽出新芽，婀娜多姿映照在水间。棵棵青柳苍翠欲滴，溢发出一派春的气息。如此充满春意的天地世界，怎不叫人笑逐颜开？随后诗人笔头一转，由远及近，触物生情，"笑语聊供客，杯盘少对人"，新年的第一天，真正的亲朋好友少有奢华的酒肴，聊有欢声笑语则足矣！表达出陈白沙万物一体、淡泊致远的心学思想旨趣。庚子此时，陈白沙53岁，已近花甲之年。这个人生时段在古代社会，已属垂暮之际。芳华虽逝，但睟面盎背，春心犹在。于是，诗人在末尾两句吟道："能宽垂老意，花鸟不无神。"徜徉于花香鸟语，谈笑有知音，从心所欲而不逾矩，老之将至又何妨！

到了清明，陈白沙则作了一首七绝诗《春寒》：

清明天气如初腊，雨脚云头枉是春。
阶下荼蘼开自晚，不随红紫怨东君。

品读全诗的笔调，荼蘼花开，怡然自得，了无春芳将尽之叹，在轻浅疏淡的笔墨中透露出坚毅的力量。“清明天气如初腊”，清明时节，春寒料峭，像是腊月的初冬一样寒意袭人。“如初腊”三字扣题中的“春寒”，令人油然生出寒意扑面而来的感觉。“雨脚云头枉是春”承接诗的第一句，展现诗人的所见所感。“雨脚”的意思是随云飘行、长垂及地的雨丝。“云头”的意思是飘浮于头顶高空的云朵。“雨脚”一词，典化于杜甫《茅屋为秋风所破歌》中的“床头屋漏无干处，雨脚如麻未断绝”。“云头”一词，则是化用于苏舜钦《中秋松江新桥对月和柳令之作》中的“云头艳艳开金饼，水面沉沉卧彩虹”。“雨脚云头枉是春”的整个句意，是说阴雨绵绵，使得从头到脚都感觉不像在人间四月天的春季里。“阶下荼蘼开自晚，不随红紫怨东君”，石阶两旁荼蘼花儿姗姗来迟，花开无声，绽放于春光将逝之际。但它们俏也不争妍，无惧风吹雨打，独自在寒春里吐露芬芳，给诗人留下别样的春意盎然。荼蘼虽是最晚开放的春花，却丝毫没有抱怨造物的“春神”为何不让它们与众多迎春花比肩，争奇斗艳而引人注目。一年九十天的春光，花儿缤纷，依次开放，但荼蘼吐芳过后，花团锦簇的春景则有待来年再见了。荼蘼的意象，在古典诗文中大都表示春尽花去，情调是低沉的，但陈白沙通过无人观赏的荼蘼自开自落，表明他不随大流、泰然自强的情怀。

散步之余，陈白沙也能作诗而教，如《村步杂书所见》：

其一

疏花明委巷，细雨得今晨。
点缀非无意，红芳不是春。

就六首五言绝句组成的诗篇题目“村步杂书所见”而言，全诗是陈白沙以村边的渡口为视点，随目所及，即兴而作。在古典诗词中，“村步”的“步”字意常常与“埠”相通。“疏花明委巷，细雨得今晨”，满目疏落的梅花坠地，顿让静谧的陋巷明媚一片。缘何如此？原来是暗香浮动的红梅被今日早晨的一场细雨吹散。“点缀非无意，红芳不是春”，尽管落红一巷，如此点缀或许是细雨的有意安排，但这般惹人喜爱的陋巷之花并非春天的景象。虽然是红梅落地，乍眼看去，却给人一种春天的暖意，了无白居易“虽红不是春”的杪秋之叹。这首小诗对雨打红梅的景致随心描绘，朴实生动，清新脱俗。诗中的“明”“得”二字乃神来之笔，点明了陈白沙面对时光流逝，人生自然从容的豁达情怀。

陈白沙经常教育弟子应反躬自省。如《冬夜》一诗：

我从省事来，过失恒十九。
喜怒朝屡迁，言为夕多苟。
平生昧慎独，即事甘掣肘。
孔子万世师，天地共高厚。
颜渊称庶几，好学古未有。
我才虽卤莽，服膺亦云久。
胡然弗自力，万化脱枢纽。
颓颜无复少，此志还遂否？
岁月岂待人，光阴隙中走。
念此不成眠，晨星灿东牖。

这是陈白沙冬日夜坐而自省的一首五言古诗。回眸从前，往事并非如烟。仔细想来，自打涉足人事以来，所犯的错误实在不少。“喜怒朝屡迁，言为夕多苟。平生昧慎独，即事甘掣肘”，这四句紧承上联“省事”“过失”，说自己平日喜怒无常，言行随性所发，因而每每不明白儒学所倡导的慎独工夫，深感掣肘亦无可奈何。对照万世师表的孔子思想，感怀好学不已的颜回精神，虽才不能至，但心向往之。陈白沙很想通过习得孔子和颜子的学问精髓，来施展自己的才能和抱负。“胡然弗自力，万化脱枢纽”，这两句表白了自己为什么不只争朝夕去学为圣贤，感悟自然的魅力，做出一番经天纬地的事业。诗人在缅怀遐想中，折服圣贤的风貌，沟通古今的界限，从而在精神上产生了共鸣。于是，诗人顺意感伤自己芳华不再，时不我待，不知初心之志在未尽的时光里还有无希望完成，如此想来，今夜已是难以入眠！夜阑人静，不觉之间，冬夜耀眼的启明星悄然爬上了东窗。从夜到晨，陈白沙反求诸己，叩问圣贤，这种积极向上的心志犹如划破寒空的启明星，令人敬仰！

同时，陈白沙非常重视与人交往，也很看重政治才能。他在《答梅侍御见寄》写道：

群龙盛朝野，弱羽聊山林。
行春忽倾盖，对榻山花深。
引我一杯水，写君龙唇琴。
永言歌大篇，风雅有遗音。
乃知鹰鹯气，未惬鸾凤心。
王事有驱迫，暮雨别江浔。
离情落晚趣，再枉三洲吟。
何以舒我怀，青天盼遥岑。

诗题中所谓“见寄”，是别人寄给自己的意思。陈白沙比较欣赏梅愈的为人为学，因此有了他写给梅愈的几首诗。这首五言古诗，即陈白沙回赠梅愈所作的诗歌之一。一般而言，文人骚客总爱抒发怀才不遇的感慨，但文人骚客的政治才华时常是不尽人意的。假设李白真的当了宰相，很难说不会遭到后世诟病。英雄最大的悲哀，莫过于无用武之地。怀才不遇的倾诉，除却忧国忧民之外，或多或少潜藏着个人政治志向无法顺遂的情愫。陈白沙此诗开头两句“群龙盛朝野，弱羽聊山林”，表达出富有政治才干的人汇集朝堂，但像自己这样理政能力孱弱的人则只能归依山林了。而末尾两句“何以舒我怀，青天盼遥岑”，则殷切希望国家能够选贤用能以力挽狂澜，恰当用好梅愈这样的忠勇勤政之士。这份身在山野却心系朝堂的忧国情怀是至深的，充分彰显诗教和政教贯通这一白沙诗歌的心学本色。

对花花草草，陈白沙也是非常喜爱，如他专为赛兰而作的诗《赛兰》：

南有赛兰香，名花人未识。
光风散微馨，甘露洗新碧。
一月薰蒸来，氤氲在肝膈。
乃知方寸根，中禀天地塞。
谁为续骚首，俯仰空凄恻。
窗户悄无人，图书共昕夕。

陈白沙借咏兰花而倾诉情怀。诗题的“赛兰”，也叫珍珠兰，是一种长于南方的草兰。其花如珠，其香似兰。它清香幽雅、鲜爽持久，在当时却少有人留意。在日常生活中，陈白沙很喜爱养赛兰。氤氲的兰香沁人心脾，诗中却用“乃知方寸根，中禀天地塞”二句，强调赛兰的芳香乃源自其微小而充盈着天地之气的兰根。俯仰古今，谁承屈原？屈原“吾将上下而求索”的精神，就恰似赛兰之根。显然，这是诗人借赛兰勉励人们不要因微小而悲伤，甚至颓废。“窗户悄无人，图书共昕夕”，静阅诗篇，朝气蓬勃，不正像根塞天地，香溢心中的赛兰吗？

陈白沙一生格外钟情菊花，视菊花为清真典雅的品格象征。因而也写过很多咏菊的诗。譬如其中一首《对菊》：

其一

浙浙西风至，为秋未有涯。
江边聊一醉，信手得黄花。

此诗描绘秋景，却不着萧瑟，纯以白描，境界顿开，情趣盎然。秋色正浓，随风飘荡，到处充盈清秋菊香的气息。友人欢聚，江边醉酒，信手一菊，沁人心脾，这是一种多么宁静安恬的自然之乐。此诗用字精练，以少胜多。着一“得”字，模声绘色，把“信手”和“黄花”联结一处，使抽象的秋色具体可感，写出了诗人醉酒时自得其乐的随性之情。尤其是“信手”，这一词语也显得十分灵动，艺术感染力极强。

第六章
传道树人　蔚然一派

陈白沙以传道树人为己任，远绍孔孟学说，上承宋儒理学，下启明代心学，创立别具一格的江门学派，彰显出新的岭南思想色彩。陈白沙标举“学贵自得”“学宗自然”“静养端倪”的思想旗帜，聚集了湛若水、李承箕、张诩、贺钦、邹智、陈茂烈、林光、陈庸、李孔修、谢祐、何廷矩、史桂芳、容贯、伍光宇等一批杰出弟子，可谓洋洋大观，自成一派而成为岭南文化的重镇。作为独具匠心的心学教育家，陈白沙开启了有明一代的自由讲学之风，实现了儒学岭南化，不愧为岭南唯一入祀孔庙的大儒。

一、传道自得树新风

从文教政策的层面来看，明初统治集团奉行教化为先，采取的教育方针是尊崇程朱理学。自朱元璋建立明朝伊始，他就懂得以史为鉴，深知人才培养的重要性。朱元璋执掌大政后，很快发布兴学法令，要求全国各地普遍设立学校；几次下达求贤诏书，重新开科取士，明确规定说经解经必须以程朱理学的注释为科考准绳；大力倡导程朱理学，使之成为意识形态领域的行为准则；组织学者整理四书五经，编写《性理》《通鉴纲目》《大学衍义》《历代名臣奏议》《文章正宗》及《历代诰律典制》等典籍，要求所有学校的生徒诵习；至明成祖时期，还专门将官修的《五经大全》《四书大全》《性理大全》颁行天下，作为钦定的学校教科书。这样做的目的，就是希望依靠程朱理学来加强思想文化控制，以巩固大一统的中央集权政治。

在程朱理学一统天下的情形下，明朝早期的学者基本上是朱熹思想学说的拥趸，恰如《明史·儒林传序》中所说：

> 原夫明初诸儒，皆朱子门人之支流余裔，师承有自，矩矱秩然。曹端、胡居仁笃践履，谨绳墨，守儒先之正传，无敢改错。学术之分，则自陈献章、王守仁始。宗献章曰江门之学。……宗守仁者曰姚江之学，别立宗旨，显与朱子背驰，门徒遍天下，流传逾百年，其教大行，其弊滋甚。嘉、隆而后，笃信程朱，不迁异说者，无复几人矣。

像曹端、胡居仁等一批著名儒家学者就是典型的朱熹理学信徒。不过，在曹端和胡居仁身上已生发出些微的心学思想因素。陈白沙的老师吴与弼则更加倾向于朱熹理学和陆九渊心学思想的调和。吴与弼十分认同朱熹所编的《伊洛渊源录》，折服朱熹所倡导的“格物致知”与“居敬穷理”学说。同时，他也认为陆九渊的心学思想有合理成分，可以加以吸收。他说，“圣贤教人，必先格物致知以明其心，诚意正心以修其身”，“学圣人无他法，求诸己而已”，强调如果一味机械地格物穷理而不知返归本心，“苟本心为事物所挠，无澄清之功，则心愈死，气愈浊，梏之反覆，失愈远矣”。点明“格物致知”与“居敬穷理”的最终目的，就是彰明心体，以成就圣贤一样的理想人格。

陈白沙虽曾拜吴与弼为师，但并不认同吴与弼的朱陆调和观。经过不断的反思和批判以及自身的为学实践，陈白沙逐步认识到朱熹格致工夫与陆九渊主静工夫实在扞格不入。对此，他这样申明道：

> 仆才不逮人，年二十七始发愤从吴聘君学。其于古圣贤垂训之书，盖无所不讲，然未知入处。比归白沙，杜门不出，专求所以用力之方，既无师友指引，惟日靠书册寻之，忘寝忘食，如是者亦累年，而卒未得焉。所谓未得，谓吾此心与此理未有凑泊吻合处也。

显然，陈白沙在一定程度上揭露出程朱理学“心”与“理”之间难以融合的内在矛盾。反复思考后，他明确宣称，“人具七尺之躯，除了此心此理，便无可贵”，“君子一心，万理完具。事物虽多，莫非在我”。由此，他经常教导自己的弟子：“六经，夫子书也；学者徒诵其言而忘味，六经一糟粕耳，犹未免于玩物丧志。”提出为学的重心不宜放在书本的学习，而是在静坐中涵养德性。他强调“有学于仆者，辄教之静坐”，“从静中坐养出个端倪来”，希望人们把静坐作为主要涵养工夫以实现境由心造的精神世界。

从历史的角度看，迨至在陈白沙生活的明代前中期社会里，学术思想几乎完全笼罩在程朱理学之中，暮气沉沉，了无新意。学者们言必称朱子，不敢越朱熹理学范围之雷池半步，毫无思想自由和学术批判可言，烦琐而僵化的学风流弊日益严重。面对这一万马齐喑的学风局面，陈白沙挺身而出，别立宗旨，倡言“学贵自得”“学宗自然”“静养端倪”，主张“小疑则小进，大疑则大进”，张扬个人意志自由，热切地期盼学者们能从各种经书的束缚中解放出来。为此，他自觉地肩负起传道、授业、解惑的教育使命，着力通过讲学活动把儒家文化发扬光大，并将自己的“学贵自得”“学宗自然”“静养端倪”等思想学说传播开去，希望更多的人能把握易简的学习方法，为社会培养出更多富有创造性的杰出人才。

那么，如何才能切实而有效地做到传道树人？这是一个摆在陈白沙面前必须思考的教育基本问题。

其实，就儒学的教育传统发展而言，传道确是一个最为根本性的问题。特别是经韩愈倡导、宋儒弘扬，不同派别的教育思想建构大体上都是立足于“道”这一范畴展开的，陈白沙也不例外。

陈白沙基于以心论道的价值立场，充分吸纳老庄道家思想，经由反思吴与弼理学观，回溯至周敦颐、程颢、程颐，进而上达孔子和孟子，在本体论、工夫论及教育观诸层面进行探究，形成了道在我心的教育哲学观。综而言之，陈白沙关于“道”的含义理解主要有三：

其一，道为天地万物的本体。陈白沙借鉴老庄思想，认为道先在于天地万物并又包蕴天地万物：“道至大，天地亦至大，天地与道若可相侔也。然以天地而视道，则道为天地之本；以道视天地，则天地者，太仓之一粟，沧海之一勺耳，曾足与道侔哉？天地之大不得与道侔，故至大者道而已。”整个天地与道相比，就有如太仓之一粟、沧海之一勺，简直微不足道，不可同日而语。在陈白沙的思想观念中，道是天、地、人存在的根据。道作为宇宙的本体，宇宙之间的所有一切皆因得道而存在，道创生万物，并寓于万物。同理推之，人也是应道而为人，道寓于天地万物和人心之中。陈白沙解释说：

> 物囿于形，道通于物，有目者不得见也。“何以言之？”曰：“天得之为天，地得之为地，人得之为人。”

陈白沙所表达出的“道通于物”的观点，是其心学教育活动的哲学基础。

其二，道具备至无而动的特质。陈白沙说：“夫道至无而动，至近而神，故藏而后发，形而斯存……夫动，已形者也，形斯实矣。其未形者，虚而已。”他认为道作为天地万物的本体，相形于各种具体的实实在在的事物来说，既无法看见也无法触摸，是不可言说的。道以一种“虚”以至“无”的方式而运动存在着，贯穿于形形色色的万物中，并且道也势必存在于形形色色的万物中。也就是说，在天地之间，不存在无道之物，也不存在离物之道。道需通过物而得存，物需得道而自为物，整个宇宙便是由无形之道和有形之物有机构成的统一体。因之，事物不管大小高低、有无生命知觉，皆是道的体现。正如他在《浮螺得月》一诗中所言：

> 道眼大小同，乾坤一螺寄。
> 东山月出时，我在观溟处。

天地万物即使千差万别，但在其中必定贯穿着一个同一无别的东西，这便是道，而这恰是事物的本质和最后的归宿。道虽是体大无边，亦可在一只小小螺中洞见生生之道。道与物之间，可谓须臾不可分离。

纵观陈白沙的心学教育思想体系，道和理是一对可互通为用的范畴。所谓道，也就是理。由道和理折射出的“精神”也正是陈白沙借由诗教活动反复让弟子们去孜孜玩味的目标所在。

其三，道在我心。陈白沙通过对朱熹理学思想的反思，以心言道，主张宇宙在我，认为作为天地之本的道，为我心所有，存在于我心之中。他说：

> 形而斯存，道在我矣。是故善求道者求之易，不善求道者求之难。

道不远人，就在我心之中，所以不必向外而远求。如果离心而求道，那是很难求得的。基于道在我心的立场，不难看出，陈白沙所讲的“道为天地之本”，意即“心为天地之本”。他说：“君子一心，万理完具，事物虽多，莫非在我。”理或道具于心中，万事万物都是我心映射对象之事物。这样，陈白沙便宣称：“此理干涉至大，无内外，无终始，无一处不到，无一息不运。会此则天地我立，万化我出，而宇宙在我矣。”把天地、万化、宇宙统统融入我心之中，强调宇宙在我心中，天地万物及其一切变化都是由我心来创造。心、理、道三者相通，皆可为宇宙的本体，而一切事物则从属于心、理、道，这就是陈白沙心学教育活动的哲学思想基础。

在陈白沙看来，心是精神实体，不能经过耳目见闻去把握，只能凭借理性思维进行认识。他在给高足林光的信中这样写道：“迹者，人之所共见；心者，吾之所独知。迹著而心隐。”讲明心和事物之迹两者差异的主要分辨点，在于迹有形而心无形，事物的形迹皆能为耳目感官所觉察，心则是隐而不见，只能被理性思维所认知，以指引林光透彻地把握心与事物之形迹的关系。由此可以表明，陈白沙所谓的心，不仅具有精神本体的意义，其自身还有认知的功能，乃至把心对世界万物的反映认定为心是宇宙的主宰。他对另一位弟子林时矩强调：

> 人争一个觉，才觉便我大而物小，物尽而我无尽。夫无尽者，微尘六合，瞬息千古。

认为事物有限而心无限，心思涵括了空间上的四方上下和时间上的往古来今，小至一粒尘埃，短至片刻瞬间，都是心的意向性活动对象。

这里需要指出的是，陈白沙以心、理、道为本体的不同范畴来表达，并非意味着宇宙有三个本体，而是三者异名同实。道与心、理皆是同一层级的范畴，把它作为万物本质无规定的抽象，且使之等同于心、理，从而赋予它精神实体的性质。

根据上述的分析，不难看出陈白沙所阐释的道具有丰富的本体论和工夫论意义。但是，陈白沙并非一个纯粹思辨的哲学家。从本质上而言，陈白沙的哲学是教育家的哲学。他不是为谈本体论而谈本体论，不是为谈工夫论而谈工夫论。他所谈及的本体论及工夫论都旨在教人如何成就理想人格。换言之，陈白沙哲学的出发点和归宿，都落在教育上。可以说，哲学教育化、教育哲学化是陈白沙教育思想及实践的显著特征。

在传道树人的教育实践中，陈白沙反对人云亦云，主张读书要有自己的真切体会，谓之“自得”。陈白沙善于以诗说理，在《藤蓑》一诗中是这样说的：

千卷万卷书，全功归在我。
吾心内自得，糟粕安用那！

读完一卷卷的书，收获多寡全在自我能否发挥主观能动性。对待前人留下的文化典籍，须取其精华，去其糟粕。因之，他极力倡言，“夫学贵乎自得也，自得之然后博之以典籍，则典籍之言，我之言也。否则，典籍自典籍，我自我也”，主张自得的有无是判断读书人和典籍合一或两分的标志所在。他专门写信给衣钵弟子湛若水，予以意味深长的教诲说：

人与天地同体，四时以行，百物以生，若滞在一处，安能为造化之主耶？古之善学者，常令此心在无物处，便运用得转耳。学者以自然为宗，不可不着意理会。

信中所谓的“自然”意即个体自我的心灵自由。陈白沙强调“学宗自然”的重要意义，教导湛若水要把握“学宗自然”这一为学旨趣，充分展现自我意志，不要让思维桎梏僵化。正是在陈白沙的点拨下，湛若水终于学有自得而独创出“随处体认天理”这一崭新命题。陈白沙高兴地评价道：“着此一鞭，何患不到古人佳处也。”其后，湛若水张扬“随处体认天理”的思想旗帜，广纳生徒，形成了令人耳目一新的甘泉学派，与同时代的阳明学派并驾齐驱。

湛若水对恩师在教育史上的地位及影响，写有这样一段话：

> 是故能惓惓然思以大振白沙先生之正学，开示四方后裔之迷途，追濂、洛、关、闽之轨，以入孔、孟、禹、汤、文、武、尧、舜之大道。计其所就，足以超驾六一。

充分肯定陈白沙在整个儒家道统传承谱系中的地位，认为他循沿周敦颐、二程、张载、朱熹的学脉，深得孔孟之道的精髓，所取得的成就远超宋代教坛领袖欧阳修。

实事求是而论，陈白沙作为明代心学教育的开篇者，其所倡导的“学贵自得”“学宗自然”“静养端倪”诸命题，在整个思想界掀起了一股新学风，对甘泉学派、阳明学派的崛起起到承上启下的作用。

二、重教爱生立师道

作为以传道树人为己任的一代大儒，陈白沙毕生致力于教书育人，开启明代大规模办学的心学教育先河。在长期的心学教育实践中，他培养出一批杰出人才，形成了一套自己的师道观，在明代教育由理学形态向心学形态转化过程中起着不可忽视的重要作用。

大凡优秀的教育家都十分重视师道观问题，陈白沙亦是概莫能外。这是因为师道观贯通着教书育人过程的始终，涉及教师道德要求、师生关系建构、教学方法创新等诸多教育教学核心环节。

一般来说，师道观是指教育家在探讨师德养成、人才培养、文化传承过程中对为师者的主体地位、主体价值的自觉认识，以及在此基础上从事教学活动时生成的各种主张。具体而言，它包括对“为师之道”的总体认识，内含为师形象、为师态度及方式、从师之道、为师标准及师生关系诸层面的观点。譬如“有教无类”“温故而知新，可以为师矣”“凡学之道，严师为难”“师者，所以传道受业解惑也”，这类师道表述在儒家学派的著述中俯拾皆是。

陈白沙勤于思考，勇于创新，在传道立教、爱生如友、循循善诱及因材施教多个层面生发出一种守中有变的师道观。

其一，在身份认同上，陈白沙始终以儒家正统继承者自居，强调自己所要传承的师道即孔孟之道，由此而凝结出以兴学育才为本的教育情怀。无论遇到多大的困难，陈白沙都坚持重教兴学的理念，不断弘扬士不居官终爱教的精神，时常对地方官员热心教育活动给予撰文称赞。

依照陈白沙的意见，自己所秉持的“道”是自尧、舜、禹、汤、文王、武王、周公一直传递至孔子和孟子，这条道统脉络传承有序。他说：“昔者尧、舜、禹、汤、文、武、周公道大行于天下，孔子不得其位，泽不被当世之民，于是进七十子之徒于杏坛而教之，择善力行，以底于成德。其至也，与天地立心，与生民立命，与往圣继绝学，与来世开太平。若是者，诚孔子之教也。大哉，教乎！”然而，这条以圣为王、以王为圣的道统到孔子所处的时代产生了重大变化，即圣王合一的文教道统裂变，至高无上的道统开始臣服于政统，致使道统、学统与政统三者支离。所以，造成孔子仕途上不得其位而无法福泽广大民众。于是，孔子尽己所能，杏坛设教，择善力行，勇于赓续道统的教育重任，培养出三千弟子及七十二高徒。对于孔子的传道精神，陈白沙由衷赞道：“大哉，教乎！”

陈白沙秉承孔子的师道观，希望当朝统治者高瞻远瞩，以“设学立师，以教天下”为本。他在《古蒙州学记》一文中呼吁道：

> 圣朝仿古设学立师，以教天下。师者传此也，学者学此也。由斯道也，希贤亦贤，希圣亦圣，希天亦天。立吾诚以往，无不可也。此先王之所以为教也。舍是而训诂已焉，汉以来陋也。舍是而辞章已焉，隋唐以来又陋也。舍是而科第之文已焉，唐始滥觞，宋不能改，而波荡于

元，至今又陋之余也。

希望能够在全国各地广设学校，延请高明之师，以德教为先，教导学生要做到立诚为本，千万不得舍本逐末，使学生陷入训诂、辞章乃至汲汲于科举功名利禄之中。在另一篇《程乡县社学记》的教育评论中，他还进一步指出：

> 国朝开设学校，自胄监至于府、州、县，备矣，惟乡之社学不列于官，待有司而后兴。吉之永丰刘侯彬由戊戌进士来令程乡，首以教化风俗为事。

认为在各府、各州、各县开办学校固然不错，但还需设立社学，使教化事业深入更为基层的乡村社会。对程乡县令刘彬重视社学建设，关心儿童成长，以教化行而风俗美为首要职责，表示高度肯定，并进一步阐明："今之社学，犹古之小学也。天下风俗美恶存乎人，人之贤否存乎教。观今之风俗，则今之人才可知矣……社学之兴在今日，正淑人心、正风俗、扶世教之第一义也，何可少哉，何可少哉！"表示社学作为整个社会教育系统中最为基础的部分，不是可有可无的。

陈白沙非常关注地方官员在学校教育上的态度及贡献。他不仅为广东本土官员撰文表彰，还为江西、广西等外省的一些地方官员寄文夸赞，比如《新迁电白县儒学记》《恩平县儒学记》《程乡县社学记》《程乡县儒学记》《龙冈书院记》《重修梧州学记》《古蒙州学记》，这些学记体裁的教育评论立场鲜明，言简意赅，充分展现出陈白沙一以贯之的儒学师道观。

陈白沙不仅对学校教育与人才培养的关系有着广泛的关注，而且对师道尊严与风俗美化的关系亦有深切的认识。针对现实的教育局面，陈白沙提出了师道立则风俗正的理念，认为要立师道，首要的前提就是须"因时而立教，即物以显义"。他说：

> 夫人之去圣人也，远矣。其可望以至圣人者，亦在乎修之而已。苟

> 能修之，无远不至。修之云者，治而去之之谓也。去其不如圣人者，求其如圣人者。今日修之，明日修之；修之于身，修之于家国，修之于天下，不可一日而不修焉者也。明道先生言于朝曰："治天下以正风俗、得贤才为本。"彼学政之不修，斯道之难立，后生无所兴起，无以成造就之功。然则，风俗何由而正，贤才何自而得耶？因时而立教，即物以显义。

陈白沙秉持学以成君子的信念，坚信圣贤人格完全可以通过修齐治平工夫得以成就。放眼望去，为何现实社会中人们的才学品格与圣人人格相差甚远？最主要的原因就是，教育没有振兴，师道没有挺立。陈白沙认同宋代理学教育家程颐"使天下得以文明有序，就须以美化风俗，广育贤才为本"的意见。而要美化风俗，广育贤才，则又须振兴学政，挺立师道。一言以蔽之，就是要因应时代的需求设立学校，通过弘扬师道来彰显社会文明之要义。

其二，在师生关系上，陈白沙寓教于乐，关爱学生似友人一样。他多以当面指点、写信赋诗的方式对弟子进行施教。这里不妨以李承箕、谢祐、湛若水、龚日高、陈冕为例，一窥陈白沙与学生之间的亦师亦友关系。

从弘治元年（1488）到十三年（1500），李承箕先后四次从嘉鱼远赴新会，拜陈白沙为师。李承箕居住新会期间，除了短暂的五十多天编修《新会志》之外，都未离开陈白沙身边。他的交游足迹近在图新书屋，远涉圭峰山上的玉台寺。每天要么与陈白沙切磋学问，要么登山饮酒，或者吟诗唱和。师生之间"朝夕与论名理，凡天地间耳目所闻见，古今上下载经所存，无所不语"。在陈白沙的精心教导下，李承箕大有进步。陈白沙赞许他："出入经史，跌宕纵横，笔端滚滚不竭来，数千言沛然出之，若不为势利所拘者。"

从师生关系的视角而言，陈白沙与李承箕之间的相处过程，实质乃是相长教学、亦师亦友的过程。陈白沙引导李承箕要将所学化为已有，与圣贤精神相通，并领悟大自然生生不已的奥妙，以此证明道与心的交互运作于万事万物之中。自得的表征，即是以心会道。这样的自得，才算作完美无缺。他说：

> 所未语者，此心通塞往来之机，生生化化之妙，非见闻所及，将以

待世卿深思而自得之，非敢有爱于言也……世卿归以所闻于予者，质诸伯氏茂卿，登大厓山吟弄赤壁之风月。予所未言者，世卿终当自得之。

陈白沙和李承箕不仅是思想上的道友，还是诗友、酒友。师生俩经常聚在一起把酒言欢、吟诗唱和。李承箕首次将返千里之外的嘉鱼，陈白沙对他依依难舍。款款深情促使陈白沙挥毫赠别十三首古诗，诗句中浸透老师对学生的关爱之情。其后，他们师生二人长期保持书信往来。李承箕深有感触地说："君子以道交者也，同明相照，同类相求，云从龙，风从虎，圣人作而万物睹。"明道之人，出处有道。可以说，李承箕与陈白沙之间既有着紧密的师生关系，更有着一种亦师亦友的君子情谊，而联结师生之间情谊的纽带，即是二人共同追求儒家道统的赓续。

弘治五年（1492）春，李承箕第二次又将返回嘉鱼之际，陈白沙以"赠世卿游山"为题，送给李承箕两首诗：

其一

万丈昆仑顶，冥栖忆老关。
君看白龙水，何似黄公山。
有酒终日醉，无官到处闲。
南风乃何意，又送楚舟还。

其二

朝来生紫气，此地一函关。
帽顶花沾雨，云中人下山。
相逢欲大笑，不语是真闲。
晚向东亭醉，犹能骑马还。

陈白沙以酒友、诗友的身份借景抒情，把李承箕似醉非醉而怡然自得的游山形象描写得栩栩如生。诗中全然没有呈现出老师与学生相处的一丝气息，读者满眼看到的是"南风乃何意，又送楚舟还"朋友惜别的情谊。

有一次，陈白沙生病了。他顿感时光流逝，而自己的学问却无什么长进。他不禁想起学生谢祐，感到如果此刻他在身旁该是多么好呀！于是，他便写下一首七律《寄谢天锡》给谢祐，诗云：

不了从兼病与贫，小庐峰里白头新。
问谁肯我同精舍，垂老思君是故人。
世事转头浑觉梦，烟花过眼可怜春。
几时来伴江门钓，闲与诸孙讲旧闻。

谢祐家在南海县，距离江门并不远。谢祐和陈白沙经常有书信往来，谢祐亦经常上门向陈白沙求教。贫病孤寂中的陈白沙油然迸发出“问谁肯我同精舍，垂老思君是故人”，师生二人同在小庐山学馆里问学探道，恰如知音般的友人。这两句诗中的“精舍”和“故人”，看似顺手拈来，其实颇有深意。“精舍”起初是指儒家研究高深学问、师徒互讲互学的学馆，后来也将佛教徒修炼的场所称为“精舍”。陈白沙诗中特意用“精舍”来指称小庐山学馆，表示小庐山学馆不是普通的书院教学之地，而是陈白沙用作与得意弟子切磋学问的讲学场所。因此，我们就不难了解陈白沙缘何视谢祐为志同道合的“故人”了。“问谁肯我”“垂老思君”“烟花过眼”“几时来伴”这些表述则进一步衬出陈白沙和谢祐师生俩之间的知音情谊，字里行间洋溢着陈白沙待生如友的真挚感情。

再看陈白沙写给湛若水的一首五言律诗《晓枕，示湛雨、龚日高》（其二）：

万年如一瞬，莫问我浮生。
风雨将秋至，山河载月明。
语檐幽鸟乐，对竹小童清。
夜夜湘江梦，与君何日行？

整首诗的主旨是陈白沙教诲湛若水、龚日高应树立淡泊明志的人生观。首联化用《庄子·刻意》“其生若浮，其死若休”，意谓人生在世，漂浮不定，希望二位学生要懂得在无垠的天地中，一切瞬息万变，但无须长吁短叹，以致虚度年华。颔联、颈联交织相错，勾勒出一幅秋雨月色、山川澄澈背景下鸟鸣童喧纵情于竹林的画面。尾联特地跟湛若水、龚日高说自己对湘江风光甚为向往，点明老师和学生共畅林泉、求道自适的心愿，师生之间的纯真情谊跃然纸面。

陈白沙对待学生一视同仁，他的眼光不是仅仅落在湛若水、李承箕这些十分优秀的弟子身上，对其他资质较为一般的弟子也付出了相当的关爱。譬如在《至陈冕家》一诗中就体现出陈白沙一视同仁的爱生情怀：

远树晴堪数，孤云暝欲遮。
自怜江海迹，能到友生家。
落日明江色，轻风动麦花。
相看吾鬓白，不必问年华。

与湛若水、李承箕出身于官宦之家相比，来自三水县的学生陈冕家境贫寒，但他学习勤奋，也深得陈白沙的关心和厚待。从诗中的“友生”一词来径直称呼陈冕，既可看出陈白沙的为师之道，亦可管窥陈冕的为生之道。这一天远眺晴空万里，却忽见孤云黯然，似乎要把日光遮住。陈白沙从新会来到了三水，踏进“友生”陈冕的家中。落日余晖映照在西江水面，春季晚风摇曳着麦花荡漾。师生双眸对望，虽说时光早已将老师的鬓发染白，但看到师生之间“两情相悦”，又何必在乎韶华流逝呢？师生俩亦师亦友的至深情谊尽显于“不必问年华”这一结句里。

其三，在教学方式上，陈白沙继承孔子有教无类的精神，尽心循循善诱，力求因材施教，让学生的个性化学习能力得到充分发展。陈白沙非常反感填鸭式的教学法，要求学生能够举一反三。他主张在学生充分独立思考的基础上，再有针对性地予以启发开导。他经常鞭策自己要像孔子那样循循善诱，勉励学生要博通经典，不要浪费时光。从他所作的《自策示诸生》便可见其勤勉努力之心，进而投身于循循善诱的教书育人生涯：

贤圣久寂寞，六籍无光辉。
元气五百年，一合又一离。
男儿生其间，独往安可辞？
邈哉舜与颜，梦寐或见之。
其人天下法，其言万世师。
顾予独何人，瞻望空尔为！
年驰力不与，抚镜叹以悲。
岂不在一生，一生良迟迟。
今复不鞭策，虚浪死勿疑。
请回白日驾，鲁阳戈正挥。

诗里所言“今复不鞭策，虚浪死勿疑”，强烈表示出若自己再不鞭策自己，虚度时光而白白死去，这样的人生毫无意义可言。

陈白沙一生孜孜矻矻，只要有人向他问学，他从不拒之门外。李承箕在《寿石翁陈先生六十一诗序》一文这样评价道：

今翕然以顺，无远近，无贵贱，咸来问学，先生怡然随问而答，初不强括之，亦未尝轻拒人也。

讲述陈白沙采取开放性的讲学态度，广泛地吸收学生，不管远近，无分贵贱，把受教育的范围扩大到所有的主动问学者，并且做到随问即答。

陈白沙以孔子为榜样，开门办学，兼收并蓄，师从于他的学生多达几千人。陈白沙边实践边思考，根据每个学生的资质高低，循沿因材施教的方法，并把它作为教育准则，落实在平日的教育教学活动之中，效果显著。他的高足张诩就是其中的受益者。张诩在所撰写的《白沙先生行状》中总结陈词：

先生教人，随其资品高下，学力浅深，而造就之，循循善诱，其不悟者不强也。至于浮屠羽士、商农仆贱来谒者，先生悉倾意接之，有叩无不告，故天下被其化者甚众。

认为陈白沙善于传道树人，能根据学生的资质和学力上的差异做到循循善诱。对那些资质较高的，则按照高水平的要求加以培养；对那些领悟力较弱的，则不强求其进步神速。即便是对那些佛道人士、商人农夫，只要他们有问题相问，陈白沙也会倾心给予解释。

陈白沙还特别强调，如果学生厌烦读书，学习就不会有长进。这时，不妨安排些游山玩水的户外活动，以缓和释放他们的学习压力。这也不失为一种因材施教的有效教育教学法。

陈白沙因材施教，尽心培养，使得陈门弟子人才济济，其中不乏学术和政坛精英，像湛若水、李承箕、林光、贺钦、张诩、陈茂烈、陈庸、李孔修、邹智、何廷矩、史桂芳、梁储、黄佐、黄在、丁积、林廷瓛、容贯、范规、蔡亨嘉、陈昊元、黄泽、姜麟、李渭、李祥、祁顺、区越、苏章、吴琏、杨琠、杨玮、张锳等。

三、薪火赓续成一派

陈白沙倾心于教育事业，赓续孔孟道统，开创了儒家在明代的新学派——江门学派，不仅深刻影响着湛若水，而且在一定程度上也给王阳明不少间接启示，在我国教育史和思想史上占有重要的地位。

崛起于岭南的江门学派，又称白沙学派。因陈白沙所居之地在新会的白沙村而得名。江门学派以陈白沙为学术领袖，学说远绍孔孟，提倡学宗自然，主张学贵自得，讲究静养端倪，对明代学术和教育由理学形态向心学形态转化具有较大影响。明清之际著名史家黄宗羲指出，“有明之学，至白沙始入精微”，他还援引罗伦的话来说明陈白沙的思想表征以及弟子的风貌品格，“白沙观天人之微，究圣贤之蕴，充道以富，崇德以贵，……故出其门者，多清苦自立，不以富贵为意，其高风所激远矣”，对陈白沙的高风亮节予以很高评价。伴随众弟子不断对乃师品格以及思想学说的渲染传播，陈白沙的社会影响日益扩大，使江门学派的规模壮大，开枝散叶而衍生出蔚为大观的甘泉学派。

那么，江门学派究竟有多少人？弟子的来源和分布状况怎样，出身、入仕及出仕等信息几何？这些数据资料散见于有关学案、传记、年谱、地方志诸多文献史料，学界迄今尚无比较系统而明晰的整理及统计。

在这里，我们介绍一下黄宗羲的《明儒学案》、阮榕龄的《白沙门人考》、屈大均的《广东新语》、贾雒英等编修的《新会县志》、阮元等编修的《广东通志》所提供的有关信息。

黄宗羲所撰《明儒学案》中的《白沙学案》共分两卷。上卷记录的人物，只有陈白沙和他的弟子李承箕二位；下卷记录了陈白沙弟子张诩、贺钦、邹智、陈茂烈、林光、陈庸、李孔修、何廷矩及史桂芳等十人，其中有文字材料辑录的仅限于张诩、贺钦、邹智与林光四位弟子。由于陈白沙的衣钵弟子湛若水别立宗旨，黄宗羲便对湛若水这一支脉采取了另立学案的方式，单独为湛若水所创立的甘泉学派专设《甘泉学案》，分为六卷叙述。

阮榕龄的《白沙门人考》依照籍贯列出弟子170人的姓名，并另附姓名和籍贯不详者10人。其中，对一些知名弟子提供了简要介绍。

屈大均的《广东新语》中专列“白沙弟子”一章，转述“《新会志》有白沙弟子传，弟子一百余六人”。

贾雒英等编修的《新会县志》第十六卷列有109位白沙弟子，其中姓名可考者有107人，不详者2人。

阮元等编修的《广东通志》中的《陈献章传》列有69位弟子。

综合上述文献史料进行考察，笔者整理出209位陈白沙弟子，其中姓名、籍贯均可考者200人。相关信息详见本书所附的《陈白沙弟子知见录》。

在所整理出的209位弟子中，非广东籍的弟子有23人，占籍贯可考人数的11.5%，具体省籍及人数分别为江西7人、湖广6人、浙江3人、福建3人、盛京1人、南京1人、广西1人、四川1人。广东籍177人，占籍贯可考人数的88.5%，具体府籍及人数分别为广州府156人、潮州府13人、肇庆府4人、惠州府2人、韶州府1人、高州府1人。根据统计，可以发现陈白沙弟子大多来源于广州府，粤西、粤北地区的弟子比例极低。廉州府、雷州府、罗定州和南雄府均无陈白沙弟子。

表1：陈白沙弟子籍贯表

籍贯	广东省内（177人）						外省（23人）							
	广州府	潮州府	肇庆府	惠州府	韶州府	高州府	江西	湖广	浙江	福建	盛京	南京	广西	四川
数量/人	156	13	4	2	1	1	7	6	3	3	1	1	1	1
占比/%	88.5						11.5							

通过弟子的籍贯统计数据分析，不难看出，江门学派具有浓郁的岭南本土色彩。

白沙弟子的县域分布，体现出以陈白沙家乡新会县为圆点向外延及广州府的显著特征。具体而言，156位广州府弟子的县域人数分别是新会86人、顺德19人、南海16人、番禺13人、东莞10人、增城6人、三水2人、清远2人、香山1人、新宁1人。或许是经济发达及重视文化的缘故，陈白沙弟子大多来源于珠三角流域的八县，即新会、顺德、南海、番禺、东莞、增城、三水、香山，占到籍贯可考人数的76.5%之高。尤为值得一提的是，陈白沙的家乡新会县弟子，占到广州府弟子总数的55.1%，即便在籍贯可考人数中的占比也高达43%。

综括起来，陈白沙弟子大致可分两种类型：一类受陈白沙“山人处士例以不出为高”思想的影响，淡泊名利，向往隐士生活，如李承箕、李孔修、张诩、谢祐、何廷矩；另一类则抱有“学而优则仕”的情怀，如湛若水、贺钦、邹智、陈茂烈、林光、史桂芳等。

之所以产生这两类价值取向迥异的弟子群体，与陈白沙自身出入于科举、人在江湖却心系庙堂的特殊文化心理息息相关。陈白沙这种复杂的文化心理直接抑或间接影响着不同弟子的学术追求和政治理想。这两种类型的弟子无论入仕参政与否，他们都有一个共识，那就是重视治学，设教兴学。譬如，李承箕认同陈白沙的隐士观，回到家乡便旋即构筑黄公山钓台，终身致力于乡村教化。而积极入仕的弟子往往也会在为官之余，用自己的俸禄和积蓄来补贴办学开支与资助学生。正如湛若水在《莲洞书馆赡田仓记》的自言："凡乃工金一千五百有奇，盖陂闸屡起而屡圮，屡圮而屡更之，故其费也博，而吾一二十年俸入之囊罄于此矣。厥惟艰哉！乃筑赡仓于白石之墟，为廒者二层，层为屋者五间，有廊有厅。凡岁赡田之入必有贮之。"为了莲洞书馆的建造，湛若水几乎用光了他一二十年的俸禄，极大地促进了家乡的教育和文化发展，成就一段造福乡里、推行教化的佳话。

对此教育文化现象，弟子张诩深有感触。他在《白沙先生墓表》中说道：

> 先生虽穷为匹夫，道德之风响天下，天下人心潜移默转者众矣。譬如草木，一雨而萌芽者皆是，草木盖不知也。其有功于世，岂下于救洪水驱猛兽哉！若此者，天也，非人力也。

陈白沙一生虽无显赫功名，却能凭借一己之力传道树人，教化乡里，以道德感召力而风动天下。不仅如此，随着陈白沙的影响日益扩大，他的思想学说也得到推崇朱熹理学的学人关注，譬如来自理学大本营的徽州著名学者汪循及其儿子汪戬。

在陈白沙众多弟子中，对学派传承和学脉赓续最具影响力的莫过于湛若水。作为江门学派的衣钵弟子，湛若水创造性地转化了陈白沙的思想学说和教育理念，构建别具一格的"随处体认天理"为学宗旨，创立甘泉学派。

可以说，甘泉学派是以陈白沙为宗祖，以湛若水为思想领袖，经吕怀、何迁、洪垣、唐枢、蒋信、庞嵩等一传弟子，唐伯元、杨时乔、许孚远、孙应鳌等二传弟子，冯从吾、刘宗周等三传弟子，以及张履祥、陈确、黄宗羲等四传弟子承前启后，在中晚明时期有着重大影响的心学教育流派。

经对《泉翁大全集》《甘泉先生文集》《明儒学案》，以及相关的历史人物及著作、地方志等相关史料进行梳理，笔者考证出640名有名有姓的甘泉门人，其中籍贯可考者448人。他们主要是来自岭南地区（今广东、广西）的190人，占42.4%；北直隶地区（含山东）的16人，占3.6%；南直隶地区的86人，占19.2%；浙江地区的45人，占10.0%；江西地区的39人，占8.7%；湖广地区的37人，占8.3%；福建地区的16人，占3.6%；四川地区（含重庆）的7人，占1.6%；贵州地区的2人，占0.4%；陕西地区的6人，占1.3%；山西地区的4人，占0.9%。

在640名可考甘泉门人中，有277人的举业情况有明确记载，占可考门人的43.3%。主要包括进士113人，占40.8%；举人74人，占26.7%；庠生51人，占18.4%；监生17人，占6.1%；贡生22人，占7.9%。自古以来，受“学而优则仕”思想观念的影响，入仕为官是古代读书人最主要的就业途径。在可考甘泉门人中，有明确官职记载的有272人，占总人数的42.5%，远超白沙门人中入仕为官人数（60名），比例上更是超过朱子门人（28.0%）。在这272人中，有朝廷任职经历（北京、南京）60人，有地方任职经历182人，有教育任职经历55人，这些人中不乏在朝廷、地方及教育领域交叉任职的。

从上可见，甘泉门人的籍贯分布表明甘泉心学的影响分别以岭南地区（以广州府为核心）、北直隶地区（今北京）、南直隶地区（今南京）为中心，呈放射状辐射周边省份及地区。从区域划分来看，甘泉门人主要集中在珠江流域、长江中下游地区、黄河下游地区，这些地区囊括了明朝近一半版图，其影响可谓之大。但追根溯源而论，甘泉学派的发展都深深刻有陈白沙教育思想的烙印。

由陈白沙创建的江门学派及其衍化的甘泉学派，人数众多，且颇具影响，但其形成过程并不是一蹴而就的，它有一个自发到自觉而逐步成型的过程。在这一缓慢的过程中，许多人仰慕陈白沙的人品学识，特别认同陈白沙针对“学以自然为宗”“学贵自得”的为学旨趣而提出的“静坐养出端倪”修养工夫论。不少弟子告别陈白沙回到故里或为官一方后，有的设教兴学，有的著书立说，不断传播陈白沙心学思想，这样便逐渐形成了别具一格的江门学派。

从历史的角度看，因陈白沙而兴起的江门学派及甘泉学派，的确蔚为壮观。《明史·儒林传》评论时人向陈白沙问学的情形，这样说道：“从四方来学者日进。”结合陈白沙友人、弟子和他本人的言论，辅以地方志及一些史籍记载，应该说《明史·儒林传》是言之有据的。岭南原为文教不甚发达之地，正是在陈白沙创建江门学派、开创明代心学之后，岭南思想文化才开始发展并繁荣起来。在岭南心学这个儒学教育重镇里，聚集着数量众多的文化精英，也正是陈白沙凭借教育影响为岭南营造出传道育才的新风尚，为岭南这片重农兴商的社会注入了意志自由、勇于创新的文化底蕴。

但凡一个成熟的思想流派，必有其所契合时代的教育主张和方法。江门学派因应时代的教育问题在学理上形成了颇具特色的理论学说，比肩于阳明学派，影响甚大。特别是经衣钵弟子湛若水所创的35所书院，不仅使岭南心学播向全国，而且提升了整个明代心学教育的学术性，使江门学派愈加深入而完备。即如黄宗羲所言：“有明之学，至白沙始入精微。其吃紧工夫，全在涵养。……至阳明而后大。”

作为明代心学教育思潮的开篇者，陈白沙标举“学宗自然”的为学旨趣，倡导“静养端倪”的修养工夫，在我国教育思想史上占有不可或缺的一席之地。陈白沙也因此被世人称为“岭南第一儒”，并成为唯一入祀孔庙的岭南教育家。

附录

陈白沙弟子知见录

序号	姓名	字号	籍贯	出身	官职	出处
1	蔡亨嘉		潮州府饶平县	庠生		见于《陈献章集》卷五《次韵世卿，赠蔡亨嘉还饶平》；《李承箕集》卷五《送蔡秀才还饶平》
2	陈皑	字君敬	广州府新会县			见于阮榕龄《白沙门人考》；《新会县志》
3	陈聪		兴化府莆田县	举人	青州府莒州学正	见于《陈献章集》卷四《与陈聪》、卷五《赠陈聪还莆》；阮榕龄《白沙门人考》；陈遇夫《门人录》；《兴化府志》
4	陈东渊		广州府增城县			见于《陈献章集》卷四《元日有怀杨荣夫，示陈东渊》；阮榕龄《白沙门人考》；陈遇夫《门人录》
5	陈昊元	字乾善	广州府番禺县	进士	梧州府陆川县教谕、处州府青田知县	见于阮榕龄《白沙门人考》；《番禺县志》
6	陈頀	字宗汤	广州府番禺县	举人	柳州府宾州教授、临江府清江知县	见于《陈献章集》卷二《答陈宗汤》；阮榕龄《白沙门人考》；陈遇夫《门人录》；《番禺县志》
7	陈魁		广州府新会县			见于《陈献章集》卷二《与旧生陈魁》；阮榕龄《白沙门人考》；《新会县志》
8	陈茂烈	字时周	兴化府莆田县	进士	广东使事、吉安府推官	见于《陈献章集》卷二《与陈进士时周》；阮榕龄《白沙门人考》；陈遇夫《门人录》

（续表）

序号	姓名	字号	籍贯	出身	官职	出处
9	陈冕	字子文	广州府三水县	贡生		见于《陈献章集》卷二《复陈冕》，卷四《赠陈冕》《至陈冕家》，卷六《金州别陈冕》等；阮榕龄《白沙门人考》；陈遇夫《门人录》
10	陈谦		广州府新会县			见于阮榕龄《白沙门人考》
11	陈容		广州府新会县	举人	长沙府长沙县教谕	见于阮榕龄《白沙门人考》
12	陈瑞	字德贞	广州府新会县		仁智殿锦衣卫镇抚	见于阮榕龄《白沙门人考》；《新会县志》
13	陈绍裘	字仲冶	广州府新会县	举人	浙江布政司都事	见于《陈献章集》卷六《送陈仲冶，用旧韵》《寄陈仲冶金台》；阮榕龄《白沙门人考》；陈遇夫《门人录》；《新会县志》
14	陈肃		松江府上海县	举人	顺天府通判、顺天府治中	见于阮榕龄《白沙门人考》
15	陈庸	字秉常	广州府南海县	进士	荆门州同知	见于《陈献章集》卷二《与陈秉常》，卷四《赠陈秉常》，卷六《木樨花下待陈秉常》《读陈庸诗稿》等；黄宗羲《明儒学案》
16	陈猷	字公远	广州府东莞县	举人		见于阮榕龄《白沙门人考》；《广府志》
17	陈宗	字定息	广州府新会县			见于《李承箕集》卷十六《玉台登高倡和诗序》
18	崔楫	字希说	广州府南海县	贡生		见于《陈献章集》卷二《与崔楫》；阮榕龄《白沙门人考》；陈遇夫《门人录》
19	戴弁	字仲俨	广州府新会县	贡生	济南府禹城县教谕	见于阮榕龄《白沙门人考》；陈遇夫《门人录》；《新会县志》
20	戴参	字君惠	广州府新会县			见于阮榕龄《白沙门人考》；陈遇夫《门人录》；《新会县志》
21	戴恩		广州府新会县	庠生		见于阮榕龄《白沙门人考》；陈遇夫《门人录》；《新会县志》

（续表）

序号	姓名	字号	籍贯	出身	官职	出处
22	戴辑		广州府新会县			见于阮榕龄《白沙门人考》；陈遇夫《门人录》；《新会县志》
23	戴敬		广州府新会县			见于阮榕龄《白沙门人考》
24	戴球	字汝强，号息斋	广州府新会县			见于阮榕龄《白沙门人考》；陈遇夫《门人录》；《新会县志》
25	戴泽		广州府新会县	庠生		见于阮榕龄《白沙门人考》；陈遇夫《门人录》；《新会县志》
26	戴昭		广州府新会县	庠生		见于阮榕龄《白沙门人考》；陈遇夫《门人录》；《新会县志》
27	邓谷隐		广州府新会县			见于阮榕龄《白沙门人考》
28	邓澹乐		广州府新会县			见于阮榕龄《白沙门人考》
29	邓崇德	字子修	肇庆府高要县	举人	延平府沙县知县	见于阮榕龄《白沙门人考》；《广东通志》
30	邓德昌	字顺之，号赍斋	广州府顺德县	贡生	应天府训导、两浙盐运使	见于阮榕龄《白沙门人考》；陈遇夫《门人录》；《南海县志》
31	邓珙		广州府顺德县			见于阮榕龄《白沙门人考》；陈遇夫《门人录》
32	邓翘	字孟材	广州府顺德县	贡生	饶州府浮梁县教谕	见于阮榕龄《白沙门人考》；陈遇夫《门人录》
33	邓球	字俊圭，号东川	韶州府乐昌县	举人		见于《陈献章集》卷二《与邓球》，卷五《得邓俊圭书》《邓俊圭丧兄慰之》等；阮榕龄《白沙门人考》；陈遇夫《门人录》
34	邓文通	号赍庵	广州府新会县			见于《李承箕集》卷十六《玉台登高倡和诗序》
35	范规	字能用	广州府南海县			见于《陈献章集》卷一《东圃诗序》、卷二《与范规》、卷五《赠范能用》；阮榕龄《白沙门人考》；陈遇夫《门人录》

（续表）

序号	姓名	字号	籍贯	出身	官职	出处
36	冯殷	字质夫	肇庆府开平县	举人	福州府怀安县知县、建宁府建安县教谕	见于阮榕龄《白沙门人考》；《肇庆府志》
37	冯载	初名祥，字克任，号野庄	广州府南海县	庠生		见于湛若水《泉翁大全集》卷六十三《明故埜庄冯先生墓表》；阮榕龄《白沙门人考》；陈遇夫《门人录》；《南海县志》
38	甘思忠	字秉直	梧州府苍梧县		梧州府藤县县丞	见于阮榕龄《白沙门人考》
39	龚日高	字志明，号南村	潮州府潮阳县			见于《陈献章集》卷一《偶书遗湛民泽龚日高游罗浮者》、卷四《晓枕，示湛雨、龚日高》；湛若水《泉翁大全集》卷五十六《紫坡子传》；阮榕龄《白沙门人考》；陈遇夫《门人录》
40	关中	字时中	广州府新会县	贡生	岳州府、常德府沅江县、郴州府宜章县训导，湖广按察副使	见于阮榕龄《白沙门人考》；陈遇夫《门人录》
41	何潽	字宗濂	广州府番禺县			见于《陈献章集》卷一《李子高墓志铭》《渔读居士墓志铭》，卷四《次韵何宗濂》
42	何廷矩	字时振	广州府番禺县			见于《陈献章集》卷四《得何廷矩书》；阮榕龄《白沙门人考》；《番禺县志》
43	何沂	字宗浩	广州府番禺县			见于《陈献章诗编年笺校》上册《次韵何宗濂》
44	何宇新	字子完	惠州府博罗县	举人	宗人府经历	见于《陈献章集》卷二《与光禄何子完》、卷六《何宇新赴南京，来白沙告别，云此行且复见定山，时秋已尽矣，以诗送之》；阮榕龄《白沙门人考》
45	贺钦	字克恭，号医闾，谥号恭定	辽东义州卫	进士	户部给事中、陕西参议	见于《陈献章集》卷一《梦记》、卷四《赠羊长史，寄辽东贺黄门钦》等；阮榕龄《白沙门人考》；陈遇夫《门人录》

（续表）

序号	姓名	字号	籍贯	出身	官职	出处
46	胡旦	字达明，号养蒙	广州府顺德县	贡生		见于《李承箕集》卷十一《胡达明共宿嘉会楼用前韵》；阮榕龄《白沙门人考》
47	胡曼	字子缨，号养源	广州府顺德县			见于阮榕龄《白沙门人考》
48	黄昊	字公覆	广州府新会县			见于《陈献章集》卷三《示黄昊》；湛若水《泉翁大全集》卷五十九《明故翰林院检讨白沙陈先生改葬墓碑铭》；阮榕龄《白沙门人考》
49	黄鹤年	字一彭	广州府新会县	庠生		见于阮榕龄《白沙门人考》；《新会县志》
50	黄球	字元悔	广州府新会县			见于阮榕龄《白沙门人考》；陈遇夫《门人录》
51	黄寿	字叔仁，号心泉	广州府新会县			见于《陈献章集》卷四《题心泉，赠黄叔仁》《秋雨书事，寄黄叔仁》等；阮榕龄《白沙门人考》；陈遇夫《门人录》
52	黄彦		广州府新会县	举人	抚州府宜黄知县	见于阮榕龄《白沙门人考》；《新会县志》
53	黄元	字克仁	广州府新会县	举人	漳州府龙岩知县、江南武德卫经历	见于阮榕龄《白沙门人考》；《新会县志》
54	黄在	字子察	广州府新会县	举人	顺庆府蓬州学正	见于《陈献章集》卷六《喜黄在登科》；阮榕龄《白沙门人考》；陈遇夫《门人录》
55	黄泽	字若雨，号个竹	广州府顺德县	进士		见于《陈献章集》卷六《闻黄泽发解》；《李承箕集》卷五《寄黄若雨》；阮榕龄《白沙门人考》；陈遇夫《门人录》；《顺德县志》
56	黄忠	字景臣				见于阮榕龄《白沙门人考》
57	黄子贤		广州府新会县			见于阮榕龄《白沙门人考》
58	黄子正	号梅所	广州府新会县			见于阮榕龄《白沙门人考》；陈遇夫《门人录》；《新会县志》

（续表）

序号	姓名	字号	籍贯	出身	官职	出处
59	黄佐	字希颜	广州府新会县	举人	太平府推官	见于《陈献章集》卷四《赠黄希颜春试》、卷五《送黄希颜之太平推官》；阮榕龄《白沙门人考》；《新会县志》
60	姜麟	字仁夫	金华府兰溪县	进士	贵州使事	见于《陈献章集》卷三《与姜主事仁夫》，卷五《用韵寄姜进士仁夫》《寄淮上秋官姜仁夫》，卷六《次韵姜仁夫留别》；阮榕龄《白沙门人考》；陈遇夫《门人录》
61	康沛		广州府顺德县			见于阮榕龄《白沙门人考》；陈遇夫《门人录》
62	邝珙		广州府南海县			见于《陈献章集》卷六《问邝珙病》；陈遇夫《门人录》
63	雷震东		武昌府嘉鱼县			见于《陈献章集》卷五《与雷震东》
64	雷震阳		武昌府嘉鱼县			见于《陈献章集》卷五《与雷震阳，用前韵》
65	黎潜		广州府南海县			见于《陈献章集》卷二《与黎潜萧伦》；阮榕龄《白沙门人考》；陈遇夫《门人录》
66	李承箕	字世卿，号大厓	武昌府嘉鱼县	举人		见于《陈献章集》卷二《复李世卿》，卷四《赠世卿》《有怀世卿》《游圭峰，同世卿作》《送李世卿还嘉鱼》等；阮榕龄《白沙门人考》；陈遇夫《门人录》
67	李方		广州府新会县			见于阮榕龄《白沙门人考》；《新会县志》
68	李辅	字芝松	广州府清远县			见于阮榕龄《白沙门人考》；《广州府志》；《清远县志》
69	李翰	字文卿	广州府新会县	举人	梧州府怀集知县、松江府上海县教谕、国子监学录、山西道御史	见于阮榕龄《白沙门人考》；《新会县志》

（续表）

序号	姓名	字号	籍贯	出身	官职	出处
70	李鸿	字从正，或字子逵	广州府新会县			见于《陈献章集》卷五《九日李鸿兄弟携酒从予，登舍北小庐峰四望，书所见寄世卿圭峰》；阮榕龄《白沙门人考》；陈遇夫《门人录》
71	李凤		广州府新会县			见于《陈献章集》卷五《九日李鸿兄弟携酒从予，登舍北小庐峰四望，书所见寄世卿圭峰》；《李承箕集》卷十五《寻梅山行记》
72	李九渊	字深之	广州府新会县			见于《陈献章集》卷四《吊李九渊》《游厓山，次李九渊韵》，卷六《问李深之病》；阮榕龄《白沙门人考》；陈遇夫《门人录》
73	李驹		广州府新会县			见于《陈献章集》卷五《九日李鸿兄弟携酒从予，登舍北小庐峰四望，书所见寄世卿圭峰》
74	李克常		广州府新会县	举人		见于《陈献章集》卷五《赠李克常》
75	李孔修	字子长，号抱真子	广州府顺德县			见于《陈献章集》卷二《与李孔修》，卷四《示李孔修近诗》《寄李子长》等；阮榕龄《白沙门人考》；《顺德县志》
76	李昪	字广辉	广州府东莞县	举人		见于陈献章《送李昪之京》；阮榕龄《白沙门人考》；《广东通志》
77	李同		广州府新会县			见于阮榕龄《白沙门人考》；《新会县志》
78	李渭	字长源，号昆山	广州府新会县	进士		见于陈献章《送昆山省试》
79	李文	字彦博，一字鳌峰	广州府番禺县	举人	泉州府通判	见于阮榕龄《白沙门人考》；陈遇夫《门人录》；《番禺县志》
80	李祥	字元善	广州府南海县	进士	贵州布政使	见于阮榕龄《白沙门人考》；陈遇夫《门人录》；《南海县志》

（续表）

序号	姓名	字号	籍贯	出身	官职	出处
81	李严		武昌府嘉鱼县			见于《陈献章集》卷五《与李严，用前韵》
82	李由		广州府新会县			见于阮榕龄《白沙门人考》；《新会县志》
83	李瑜	字伯温，号雪竹	广州府顺德县	庠生		见于湛若水《明故雪竹李先生墓表》；阮榕龄《白沙门人考》；《顺德县志》
84	李元杰		肇庆府新兴县	举人		见于阮榕龄《白沙门人考》；《肇庆府志》
85	李宗淳	号拙庵	潮州府潮阳县			见于《潮州府志》
86	梁储	字叔厚，初字藏用。号郁洲，原号厚斋。谥号文康	广州府顺德县	状元	翰林院编修、侍讲、洗马、翰林学士、吏部右侍郎、吏部左侍郎、吏部尚书、文渊阁大学士、太子少保、内阁首辅	见于《陈献章集》卷五《晚酌，示藏用诸友》；阮榕龄《白沙门人考》；陈遇夫《门人录》；《明史》；《顺德县志》
87	梁大厦		广州府新会县	举人	南昌府丰城县教谕	见于阮榕龄《白沙门人考》；陈遇夫《门人录》；《新会县志》
88	梁玠	字仲爵	肇庆府新兴县	贡生	衡州府训导、永福府教授	见于湛若水《泉翁大全集》卷三十一《演比赠梁仲爵》；阮榕龄《白沙门人考》；《肇庆府志》
89	梁金		广州府新会县	举人	漳州府漳平县知县	见于《陈献章集》卷四《送梁金会试，因寄林司正》；《新会县志》
90	梁景孚	字宗正	广州府顺德县			见于阮榕龄《白沙门人考》；陈遇夫《门人录》
91	梁景行	字宗烈	广州府顺德县	举人	泉州府晋江知县、镇江府同知	见于《陈献章集》卷六《题梁景行天壶书屋》《赠梁景行赴春闱》；阮榕龄《白沙门人考》；陈遇夫《门人录》；《顺德县志》
92	梁奎	字文灿	广州府顺德县	举人	袁州府通判	见于阮榕龄《白沙门人考》；《顺德县志》

（续表）

序号	姓名	字号	籍贯	出身	官职	出处
93	梁潜	字永崎，号桥东	广州府新会县	贡生	浔州府教授	见于阮榕龄《白沙门人考》；《新会县志》
94	梁卫	字国镇、豸南	广州府新会县	举人		见于阮榕龄《白沙门人考》；《新会县志》
95	梁文冠	字华卿，号鹤山、古谷	广州府顺德县			见于《陈献章集》卷四《与梁文冠》《喜梁文冠至》，卷六《梁文冠抄诗》；崔铣《梁古谷先生墓志铭》；阮榕龄《白沙门人考》；陈遇夫《门人录》；《广东通志》；《顺德县志》
96	梁贞	字惟正	广州府南海县	举人		见于《陈献章集》卷二《与梁贞》；阮榕龄《白沙门人考》；陈遇夫《门人录》；《顺德县志》
97	林栋					见于阮榕龄《白沙门人考》
98	林高	字伯乔	广州府番禺县	举人	广州府番禺知县	见于阮榕龄《白沙门人考》；《番禺县志》
99	林光	字缉熙，号南川	广州府东莞县	举人	嘉兴府平湖县教谕、兖州教谕、严州府教授、国子监博士、襄王府长史	见于《陈献章集》卷二《与林郡博》，卷四《用韵寄林缉熙平湖》《闻林缉熙初归自平湖寄之》《候缉熙》等；阮榕龄《白沙门人考》；陈遇夫《门人录》；《东莞县志》
100	林暕	字子觉	广州府增城县			见于《陈献章集》卷六《悼林暕》；阮榕龄《白沙门人考》；陈遇夫《门人录》；《增城县志》
101	林敬	字子翼	广州府东莞县			见于阮榕龄《白沙门人考》；《广东通志》
102	林绍光	字一荣	广州府新会县			见于阮榕龄《白沙门人考》；《新会县志》
103	林时嘉	字子逢	广州府东莞县			见于《陈献章集》卷四《紫菊吟，寄林时嘉》、卷五《林子逢至白沙，作示之》、卷六《和林子逢至白沙》；阮榕龄《白沙门人考》；郭棐《粤大记》

（续表）

序号	姓名	字号	籍贯	出身	官职	出处
104	林时矩		广州府东莞县			见于《陈献章集》卷三《与林时矩》；阮榕龄《白沙门人考》
105	林体英		兴化府莆田县	举人		见于《陈献章集》卷二《与胡金宪提学》；阮榕龄《白沙门人考》；陈遇夫《门人录》
106	林廷瓛	字公器	高州府吴川县	进士	永嘉知县、建昌同知、苏州同知	见于阮榕龄《白沙门人考》；《广东通志》
107	林岩	字廷俊	潮州府揭阳县			见于阮榕龄《白沙门人考》；《广东通志》
108	林琰	字秉之	广州府东莞县			见于《陈献章集》卷四《悼林琰》；阮榕龄《白沙门人考》
109	林樟	字挺之	广州府新宁县		云南蒙化府经历	见于《陈献章集》卷六《林樟贡士入京，告行于白沙，赠之》；阮榕龄《白沙门人考》；陈遇夫《门人录》；《新宁县志》
110	刘霖	字济之，号中山	吉安府永丰县	庠生		见于湛若水《泉翁大全集》卷五十六《刘朝请肃庵先生传》；《陈献章集》卷一《程乡县社学记》；《湛甘泉先生文集》卷十六《送刘中山还永丰小序》；《永丰县志》
111	刘瓛	字宗信	广州府增城县	监生		见于《陈献章集》卷一《增城刘氏祠堂记》、卷四《送刘宗信还增城》；阮榕龄《白沙门人考》
112	刘拭	字君范	广州府香山县			见于阮榕龄《白沙门人考》；《香山县志》
113	刘敔	号凤巢	吉安府泰和县		桂林府永福知县、柳州府宾州知州	见于阮榕龄《白沙门人考》；《广西通志》
114	陆挚				袁州府萍乡县丞	见于阮榕龄《白沙门人考》
115	陆之		广州府三水县			见于阮榕龄《白沙门人考》；陈遇夫《门人录》
116	罗冕	字服周	广州府南海县			见于《陈献章集》卷二《与罗冕》、卷四《和罗服周对菊见寄》、卷五《送罗服周解馆》等；阮榕龄《白沙门人考》；陈遇夫《门人录》

（续表）

序号	姓名	字号	籍贯	出身	官职	出处
117	罗养明	字用晦	吉安府永丰县			见于《陈献章集》卷一《送罗养明还江右序》、卷三《送罗养明还江右》、卷四《用前韵寄罗养明》、卷五《送罗养明还江右》
118	马国馨		广州府新会县			见于《陈献章集》卷六《饮马氏园，赠童子马国馨》；阮榕龄《白沙门人考》；陈遇夫《门人录》；《新会县志》
119	马龙	字文祥	广州府南海县	庠生		见于《陈献章集》卷四《赠马龙如湖西奠一峰先生》，卷六《马文祥寄五气朝元垆至》《悼马龙》等；阮榕龄《白沙门人考》；陈遇夫《门人录》
120	马贞	字伯幹，号甘泉	广州府新会县			见于《陈献章集》卷二《与马贞》；阮榕龄《白沙门人考》；陈遇夫《门人录》；《新会县志》
121	麦岐	字秀夫				见于《陈献章集》卷六《赠麦岐出游》《麦秀夫于城南小渚中累土结茅居之，容一之、马伯幹取酒共醉桃花下，各赋诗为乐，秀夫谒余同作，附其韵》《赠秀夫如江东》；《李承箕集》卷十三《两先生赠麦秀夫诗跋》；阮榕龄《白沙门人考》；陈遇夫《门人录》
122	倪麟	字圣祥	广州府新会县		新会千户所指挥佥事	见于《陈献章集》卷六《与倪麟》；《李承箕集》卷十八《指挥倪君墓志铭》；《新会县志》
123	聂元会	字时嘉，号淇波	广州府新会县			见于阮榕龄《白沙门人考》
124	欧阳回	号溪南钓叟	广州府新会县			见于阮榕龄《白沙门人考》
125	区越	字文广，号西屏	广州府新会县	进士	嘉兴府嘉善县知县、户部主事及郎中、浙江副使、江西左参议	见于《陈献章集》卷四《慈母石歌，为门人区越作》；阮榕龄《白沙门人考》；《新会县志》

（续表）

序号	姓名	字号	籍贯	出身	官职	出处
126	潘辰	字时用	处州府景宁县		国子监五经博士、翰林院编修、太常少卿	见于《陈献章集》卷二《与潘徐二生》、卷四《用韵寄潘时用》、卷五《过访陈时用，因题其曾祖遗像》；阮榕龄《白沙门人考》；陈遇夫《门人录》
127	潘汉		广州府南海县	监生		见于阮榕龄《白沙门人考》；《潘氏祠堂记》
128	潘松森	字季亨、毅卿	广州府新会县			见于《陈献章集》卷六《代简潘季亨》《哭潘季亨》；阮榕龄《白沙门人考》；《新会县志》
129	祁顺	字致和	广州府东莞县	进士	石阡府知府、江西右参政、山西右参政、福建右布政使、江西左布政使	见于阮榕龄《白沙门人考》
130	屈群力	字子仁，号博翁	广州府番禺县			见于阮榕龄《白沙门人考》；陈遇夫《门人录》；《番禺县志》
131	饶鉴	字沧溟	潮州府饶平县			见于《陈献章集》卷四《赠饶鉴》；《茶阳饶氏族谱》；《大埔县志》
132	容贯	字一之，又字友巢	广州府番禺县			见于《陈献章集》卷一《赠容一之归番禺序》、卷二《与容一之》、卷四《至容贯宅》等；《李承箕集》卷十六《玉台登高倡和诗序》；阮榕龄《白沙门人考》；陈遇夫《门人录》；《番禺县志》
133	容珪	字彦礼，又字云泉，号到轩	广州府新会县			见于《陈献章集》卷一《处士容君墓志铭》《与容珪帖》《祭容彦礼文》，卷三《与容珪》，卷四《挽容珪》；《李承箕集》卷十六《玉台登高倡和诗序》；阮榕龄《白沙门人考》
134	容玑	字彦贞，号半溪	广州府新会县			见于阮榕龄《白沙门人考》；《容氏家谱》

（续表）

序号	姓名	字号	籍贯	出身	官职	出处
135	容璘	字彦文，号虚白	广州府新会县			见于《陈献章集》卷三《与容彦文》、卷六《答容彦文见访》；阮榕龄《白沙门人考》；《容氏家谱》
136	容钦		广州府新会县			见于阮榕龄《白沙门人考》；《容氏家谱》
137	容球	字彦辉，号北溪	广州府新会县			见于《陈献章集》卷五《北溪容球来访答之》；阮榕龄《白沙门人考》；《容氏家谱》
138	容珽	字彦昭，号两峰	广州府新会县			见于《陈献章集》卷一《祭容彦昭文》、卷四《赠容珽》；陈献章《悼容彦昭》；阮榕龄《白沙门人考》；《容氏家谱》
139	容璇	字彦潜，号清轩	广州府新会县			见于《陈献章集》卷一《祭容彦潜文》、卷四《悼彦潜，用前韵》；阮榕龄《白沙门人考》；《容氏家谱》
140	阮缮宗	字世绪，号雪岛	广州府新会县			见于阮榕龄《白沙门人考》
141	施用	字以政	广州府新会县	举人	夔州府太平知县	见于阮榕龄《白沙门人考》；《鹤山县志》；《新会县志》
142	史桂芳	字景实，号惺堂	饶州府鄱阳县	进士	两浙盐运使	见于黄宗羲《明儒学案》
143	宋容重	字子敬	广州府新会县	举人	平乐府贺县知县	见于阮榕龄《白沙门人考》；《新会县志》
144	苏章	字文简，号云厓	饶州府余干县	进士	兵部主事、姚安府通判、延平知府	见于阮榕龄《白沙门人考》
145	谭绶		广州府新会县	庠生		见于阮榕龄《白沙门人考》
146	谭以良	字士直	广州府新会县	举人		见于《陈献章集》卷五《送潭士直春试，次世卿韵》；阮榕龄《白沙门人考》；《新会县志》
147	谭以贤	字希圣	广州府新会县	贡生	靖州府会同县训导	见于阮榕龄《白沙门人考》
148	谭有莲		广州府番禺县			见于阮榕龄《白沙门人考》
149	汤霓		广州府新会县			见于阮榕龄《白沙门人考》

（续表）

序号	姓名	字号	籍贯	出身	官职	出处
150	汤霈	字民悦，号九山	广州府新会县			见于阮榕龄《白沙门人考》；《新会县志》
151	汤云		广州府新会县			见于阮榕龄《白沙门人考》
152	吴琏	字美中，号竹庐	广州府南海县	进士	和州府含山知县、南昌府进贤知县	见于湛若水《泉翁大全集》卷六十二《明封某大夫南京户部署员外郎主事加四品服竹庐吴公墓表》
153	吴向	字宗卿，号鲁庵	潮州府潮阳县			见于阮榕龄《白沙门人考》；《潮阳县志》；《惠来县志》
154	伍绚		广州府新会县			见于《陈献章集》卷一《与容珪帖》《伍光宇行状》
155	伍益	号瀛西	广州府增城县	庠生		见于湛若水《甘泉先生文录类选》卷七《瀛西之作序》
156	伍裕	号钝斋	广州府新会县			见于《李承箕集》卷十六《玉台登高倡和诗序》
157	伍云	字光宇，号南山	广州府新会县			见于《陈献章集》卷一《伍光宇行状》《祭伍光宇文》，卷三《与伍光宇》等；阮榕龄《白沙门人考》
158	萧立		广州府顺德县			见于阮榕龄《白沙门人考》
159	萧伦		广州府顺德县			见于《陈献章集》卷二《与黎潜萧伦》；阮榕龄《白沙门人考》
160	谢慈昱	字德明，号半江	广州府南海县			见于《陈献章集》卷四《赠谢德明有事赴广还》、卷六《半江十咏，为谢德明赋》；阮榕龄《白沙门人考》；陈遇夫《门人录》
161	谢君章		广州府南海县			见于阮榕龄《白沙门人考》
162	谢文信	字伯倚				见于阮榕龄《白沙门人考》；《新会县志》
163	谢祐	字天锡，号葵山	广州府南海县	庠生		见于《陈献章集》卷四《与谢天锡》《与谢祐》，卷五《寄谢天锡》等；阮榕龄《白沙门人考》；陈遇夫《门人录》

（续表）

序号	姓名	字号	籍贯	出身	官职	出处
164	徐★					见于阮榕龄《白沙门人考》
165	杨敷	字荣夫	吉安府永丰县	贡生	延平府永安县训导	见于《陈献章集》卷五《玉台，次杨敷韵》《与杨敷投壶》《杨敷别后有怀》等
166	杨★	号潜斋	潮州府饶平县			见于薛侃《杨毅斋传》；湛若水《泉翁大全集》卷十六《北山流韵集序》
167	杨琠	字景瑞	潮州府揭阳县	进士	监察御史	见于阮榕龄《白沙门人考》；陈遇夫《门人录》；《揭阳县志》
168	杨玮	号约斋	潮州府揭阳县	进士		见于《揭阳县志》
169	杨宪臣	初名敷	广州府清远县			见于阮榕龄《白沙门人考》；《广州府志》
170	杨中		广州府顺德县			见于《陈献章集》卷六《赠杨中》
171	叶宏		广州府南海县			见于阮榕龄《白沙门人考》
172	叶先		广州府番禺县			见于阮榕龄《白沙门人考》
173	易彬	字公学	广州府新会县			见于《陈献章集》卷四《易彬讣至，乞书铭旌》；阮榕龄《白沙门人考》；《鹤山县志》
174	易才		广州府新会县			见于阮榕龄《白沙门人考》
175	易龙	字体乾	广州府新会县	贡生	郴州府训导、汀州府训导	见于阮榕龄《白沙门人考》；《新会县志》
176	易镛	字用之	广州府新会县			见于阮榕龄《白沙门人考》
177	易元	字德元，号南峰	广州府新会县	庠生		见于《陈献章集·陈献章诗文补遗·夏赠陈秉常、容彦昭、易德元使永丰谒罗一峰》；阮榕龄《白沙门人考》
178	易允	字秉信，号隐求	广州府新会县	庠生		见于阮榕龄《白沙门人考》

（续表）

序号	姓名	字号	籍贯	出身	官职	出处
179	易赞	字翼之，号菊主	广州府新会县			见于《陈献章集·陈献章诗文补遗·与易赞书》；阮榕龄《白沙门人考》
180	尹凤	字舜仪，号万竹轩	广州府增城县			见于阮榕龄《白沙门人考》；湛若水《泉翁大全集》卷六十三《明故乡先生万竹君墓表》；陈遇夫《门人录》；《增城县志》
181	余善	字崇一，号士斋	潮州府潮阳县	贡生	横州训导	见于阮榕龄《白沙门人考》；《潮州府志》；《潮阳县志》
182	俞溥	字德洪	赣州府信丰县	庠生		见于《陈献章集》卷六《秋夜楚云台小集，赠俞溥》；《李承箕集》卷五《楚云台小集时信丰俞溥德洪在坐》、卷十八《信丰养气翁俞用中墓志铭》
183	袁晖	字藏用	广州府东莞县			见于《陈献章集》卷六《赠袁晖，用林时嘉韵》《冬至日示袁晖，用前韵》《袁晖久在白沙，候容贯不至，以诗来，和之》等；阮榕龄《白沙门人考》；《东莞县志》
184	袁金蟾		广州府东莞县			见于阮榕龄《白沙门人考》；《广州府志》
185	曾确	字子鲁	惠州府博罗县	举人	延平府尤溪知县、湖州府通判、南京刑部主事	见于阮榕龄《白沙门人考》；陈遇夫《门人录》；《广东通志》；《博罗县志》
186	湛若水	初名露，字民泽，避祖讳改名雨，后定名若水，字元明，号甘泉。谥号文简	广州府增城县	进士	南京国子监祭酒、南京吏部侍郎、礼部侍郎、南京礼部尚书、南京吏部尚书、南京兵部尚书	见于《陈献章集》卷二《与湛民泽》，卷四《示湛雨》《与民泽》，卷六《江门钓濑与湛民泽收管》等；《明史》；黄宗羲《明儒学案》；阮榕龄《白沙门人考》；郭棐《粤大记》

（续表）

序号	姓名	字号	籍贯	出身	官职	出处
187	张璧光	字纯卿	广州府新会县	举人	宁波府慈溪知县、梧州府怀集知县	见于阮榕龄《白沙门人考》；《新会县志》
188	张不已	字文瀚	广州府新会县	庠生		见于《陈献章集》卷六《赠张不已》；《李承箕集》卷十五《寻梅山行记》；阮榕龄《白沙门人考》
189	张栱	字子材	广州府新会县			见于阮榕龄《白沙门人考》
190	张天祥	字国乡	广州府番禺县	贡生		见于《陈献章集》卷五《次韵答张天祥秀才》；阮榕龄《白沙门人考》；陈遇夫《门人录》
191	张希载	字博之，号柏山	广州府顺德县	贡生	长沙府攸县教谕	见于阮榕龄《白沙门人考》；陈遇夫《门人录》
192	张诩	字廷实，号东所	广州府番禺县	进士	户部主事、南京通政司左参议	见于《陈献章集》卷一《寿张抚州六十一诗序》，卷二《与张廷实主事》，卷四《读张廷实主事近稿》《偶得寄东所》等；《张诩集·东所先生文集》卷七《白沙先生墓表》；阮榕龄《白沙门人考》；陈遇夫《门人录》；《番禺县志》
193	张镆	字声远	宁波府鄞县	进士		见于阮榕龄《白沙门人考》；陈遇夫《门人录》
194	赵日新	字新民	潮州府潮阳县	举人	柳州府罗城县教谕	见于《陈献章集》卷二《与赵日新》、卷五《赠赵日新还潮州》；阮榕龄《白沙门人考》；《广东通志》；《潮阳县志》
195	赵善鸣	字元默，号丹山	广州府顺德县	举人	南京户部员外郎、曲靖知府、岳州府澧州知州	见于湛若水《泉翁大全集》卷十七《赠澧州太守赵丹山序》；阮榕龄《白沙门人考》；陈遇夫《门人录》
196	赵思仁	字寿卿，号厓山	广州府新会县			见于阮榕龄《白沙门人考》
197	赵相	字文卿，号西庵	潮州府潮阳县	举人		见于《潮阳县志》

（续表）

序号	姓名	字号	籍贯	出身	官职	出处
198	钟玠	字廷重，号宜勉	广州府新会县			见于阮榕龄《白沙门人考》；《新会县志》
199	钟淑		广州府新会县			见于阮榕龄《白沙门人考》；陈遇夫《门人录》；《新会县志》
200	周成	字朝美，号复斋	潮州府海阳县	举人	徽州府歙县训导	见于《陈献章集》卷六《赠周成》；凌迪知《万姓统谱》
201	周镐	字文邦	广州府新会县			见于《陈献章集》卷六《赠周镐兄弟》《悼周镐》《经曝日台》；阮榕龄《白沙门人考》；陈遇夫《门人录》
202	周俭					见于阮榕龄《白沙门人考》
203	周京	字文都	广州府新会县	举人	应天府通判、应天府治中	见于《陈献章集》卷四《赠周文都》《古椰寄周京》等；《李承箕集》卷五《赠乡贡进士周京文都赴会试》；阮榕龄《白沙门人考》；《新会县志》
204	周正	字天统	广州府新会县	举人	顺天府通判、宝坻县教谕	见于阮榕龄《白沙门人考》；陈遇夫《门人录》
205	朱伯骥	字千里	武昌府通山县	举人	广州府推官	见于阮榕龄《白沙门人考》
206	朱玭		衡州府桂阳县			见于《陈献章集》卷五《赠朱玭还彬阳》；阮榕龄《白沙门人考》
207	邹智	字汝愚，号立斋，谥号忠介	重庆府合州	进士	翰林院庶吉士、高州府石城吏目	见于《陈献章集》卷五《次韵邹汝愚阳江道中见寄》；《明史》；阮榕龄《白沙门人考》；陈遇夫《门人录》
208	⋆璠					见于阮榕龄《白沙门人考》
209	⋆瑜					见于阮榕龄《白沙门人考》

注：⋆表示不可考